희대의 포퓰리스트, 이재명

민주주의의
새로운

적

저자 이민구, 최솔빛

오풍연닷컴

희대의 포퓰리스트, 이재명

민주주의의
새로운 적

초판 1쇄 발행 2022년 1월 21일
지 은 이 이민구, 최솔빛
발 행 인 오풍연 닷컴
출판등록 제315-2013-000001호
주　　소 서울특별시 영등포구 국회대로 552
전　　화 0505-613-6133
팩　　스 0303-0799-1560
홈페이지 www.ohpoongy.com
이 메 일 ohpoongy@naver.com

값 18,000원
ISBN 979-11-5602-959-5　03340

Copyright ⓒ 오풍연, 2022

희대의 포퓰리스트, 이재명

민주주의의
새로운 적

저자 이민구, 최솔빛

오풍연닷컴

차례

 1장 진영논리를 넘어 보편적 정의를 향하여

2장 이재명의 과거와 현재

차례

3장 우리는 왜 이재명을 반대하는가

4장 나는 왜 이재명을 반대하는가

차례

5장 포퓰리스트 이재명

책을 펴내며

'작전세력'이라는 소리도 들었다. 수구세력의 '세작'이라는 소리도 들었다. '구더기'보다 못한 자들이 운운하는 '똥파리' 소리도 들었다, 민주당의 '소중한 자산'(?)이라는 이재명을 비판하면서 들었던 소리들이다. 문재인 대통령을 위하는 거 외엔 아무 사심도 없는 사람들한테, 정의는 보편적이어야 한다고 믿을 뿐인 사람들에게, 정작 이익과 친목으로 뭉쳐있고 문 대통령 지지자인 척만 하는 사람들이, 그리고 그런 '척'조차 안하는 골수 이재명 지지자들이 그런 소리를 해왔고 또 하고 있는 것이다.

이 책은 그런 자들을 향한 책이다, 반박할테면 해보라는 것이다. 이재명 따위가 과연 민주진보진영의 대표가 될 수 있으며 그게 과연 가당키나 한 일인지 제대로 답해보라는 것이다. 그리고 민주진보쪽에 있으면 정녕 그 누구의 어떠한 불법비리에도 눈을 감거나 마치 불법비리가 아닌 것처럼 옹호해야 하는 것인지, 아니면 그게 이재명에게만 해당되는 얘기인지 솔직하게 밝히라는 것이다.

그리고 또한 이 책은 이재명에 대해서 피상적으로밖엔 모르는 사람들을 위한 책이기도 하다. 이재명이 언론홍보비에 엄청난 세금을 쏟아부은 덕분에 그의 실체를 제대로 보도한 언론은 거의 없다. 그저 찬양만 하고 띄워주는 언론 일색이다. 이재명이 민주당 후보(?)가 된 이후에는 간혹 비판하기도 하지만 그저 '알리바이용'에 그칠 뿐 제대로 파고드는 언론은 없다. 그런 언론 환경 탓에 이재명의 본모습을 알고 있는 사람은 극히 한정되어 있다. 관심을 갖고 잘 찾아보지 않으면 모른다. 이 책은 그 '찾아보는 수고'를 약간이나마 덜어주기 위한 것이다.

이 책은 쉽게 출간되지 못했다. 처음에 깨시연과 구두합의를 했던 출판사는 나중에 출판을 철회하기도 했다. 출간을 문의했으나 거부한 출판사도 많았다. 그럼에도 끝까지 출판을 추진해 성사시킨 깨시연에 깊은 감사를 드린다. 이 책의 8-9할은 깨시연 몫이다.

그리고 기꺼이 자신의 글 수록을 허락해 주신 분들께도 감사드린다. 그 분들의 글 덕에 이 책이 그나마 풍성해질 수 있었다. 이 책의 글을 쓰고 모으는 동안 응원해주고 격려해 주신 페친분들에게도 고마움을 전한다.

마지막으로, 어려운 환경에서도 여러 가지를 감수하고 책을 출판해 주신 출판사에도 감사드리고 싶다. 출판사 사장님 및 교정, 편집, 디자인을 해 주신 분들께 진심으로 감사드린다.

– 공동편저자 최솔빛

*일러두기

 -대체로 SNS 글들을 모은 거라 인터넷 용어들이 많다. 몇 가지는 문법과 어법에 맞게
  고쳤지만 문맥을 살리기 위해 그대로 둔 것들도 있다. 비속어들도 마찬가지다.
 -글에서 언급하는 필자, 편저자는 모두 최솔빛을 가리킨다. 주석을 달 때 본인 글에는
  '필자'를, 다른 사람의 글에는 '편저자'로 칭한다.

1장

진영논리를 넘어
보편적 정의를
향하여

파레시아

고대 그리스에서 기원한 '파레시아'라는 개념이 있다. 어원적으로는 '모든 걸 말하기'를 의미한다. 아무 것도 숨기지 않고 모든 걸 그대로 드러내는 것이다. 이것은 곧 '진실 말하기'로 구현되었다. '파레시아'를 행하는 '파레시아스트'는 진실을 아는 것은 물론, 아는 것에서 그치지 않고 그 진실을 공표하는 사람이다. 그는 그 '진실'을 진실이라고 철저히 믿으면서 드러낸다는 점에서 파레시아는 신념과 진실의 일치를 담고 있기도 하다.

진실을 드러내기 위해 파레시아스트는 위험도 감수한다.(그 위험이라는 게 꼭 신체적 위해 같은 것만을 의미하진 않는다. 나의 발언으로 인해 누군가가 나에 대해 불만을 갖게 되는 것도 '위험'에 들어간다.) 사실 위험이 수반되어야 파레시아라고 하는 게 더 정확하다. (예를 들어, 갈릴레이가 그저 우주 법칙을 설명하기 위해 '지구가 돈다'라고 하면 비록 그게 진실이라고 하더라도 '파레시아'가 아니지만, 법정에서 얘기하면 '파레시아'가 된다.) 따라서 '파레시아'를 행하기 위해서는 위험을 무릅쓰는 용기가 필요하다. 그래서 '파레시아'는 '아래'로부터 '위'로 향하는 말하기이기도 하다. 파레시아스트는 상대방보다, 그가 비판하는 자보다 약한 것을 특징으로 한다.

그런데 시대의 흐름에 따라 파레시아는 단순히 '말하기'에 그치지 않고 그 이상을 담게 된다. 그것은 바로 말하는 자의 삶이 그 진실을 받쳐줘야 한다는 것이다. 로고스(담론)와 비오스(삶)의 조화, 따라서 파레시아스트는 자신의 삶으로 진실을 구현하는 사람이다. 윤리적 결함을 가진다는 건 파레시아를 잃는 걸 의미하며, 그가 하는 말과 행동의 일치 여부가 진정한 파레시아스트를 판단하는 기준이었다. 그래서 파레시아는 '말' 외에도 그 삶을 보여주는 모든 행위나 몸가짐, 나아가 침묵까지도 포함하는 개념으로 넓어졌다.

그렇다고 모든 '파레시아'가 좋은 것은 아니었다. 좋은 것과 나쁜 것으로 구분되기도 하였는데, 그 기준은 교육과 지식에 근거하고 있는가 그렇지 않은가이다. (비록 위험을 무릅쓰고 진실을 얘기해도) 교육과 지식이 뒷받침되지 않으면 좋은 파레시아는 아니었다. 교육과 지식에 근거할 때 파레시아는 단순히 '소리'에 머무는 걸 넘어서는 그 어떤 것이 될 수 있었다.[1]

이 개념은 지금 우리에게도 꼭 필요한 것이 아닌가 한다. 정치인은 파레시아를 행하는가? 언론은 파레시아스트인가? 시민단체 및 각종 좌우 조직은 교육과 지식에 근거해 위험을 무릅쓰고 진실을 얘기하고 있는가? 그리고 유시민, 김어준 등 이른바 '스피커'들은?

----

1 미셸 푸코, [담론과 진실] 참조

'유감스럽게도 그렇지가 않다. (적어도 내 기준에) 자신의 삶과 자신의 담론을 일치시키며 진실을 말하는 정치인은 극소수이며, 파레시아스트인 언론 종사자는 눈을 씻고 찾아봐도 거의 보이지 않는다. 다른 부류들도 마찬가지다. 파레시아스트라기보다는 파시스트에 가까운 자들만 목소리를 높이고 있다. 그나마 제대로 파레시아를 행하는 사람은 깨어있는 시민들뿐이다. 고대 그리스에서도 시민들만이 파레시아를 행했다. 노예들은 말할 권리 자체를 갖고 있지 않았다. 그런데 이때는 선천적인 계급에 의해 말할 권리와 그렇지 못한 걸 타고 나는 것이었다면, 지금 시민들의 파레시아는 후천적인 것이다. 각성하고, 교육과 지식을 쌓고, 진실을 찾고, 위험을 무릅쓰고 그 진실을 말하며, 그 '말'을 기꺼이 삶으로 받쳐주려는 것들 모두 후천적인 요소들이다. 그러하기에 모두가 쉽게 파레시아스트가 되는 건 어려운 일이다. (누구에게 뇌를 의탁한 게 아닐까 싶을 정도로) 정신이 노예상태에 있는 사람들은 고대 그리스의 노예들처럼 파레시아를 하지 못한다. 파레시아스트가 되고, 파레시아스트로 남기 위해 우리는 부단히 깨어있어야 한다.

그리고, 이 책 역시 하나의 '파레시아'다.

진영논리가 아니라 진리가 우리의 길

진리를 그리스어로 알레세이아(또는 알레테이아)라고 하고, 이건 '드러낸다'라는 뜻이라고 한다. 즉 진리란 드러나는 것, 드러내는 것, 은폐하지 않는 것, 투명한 것이라고 할 수 있다. 은폐와 호도는 그 자체로 진리와는 먼 것이다.

모든 게 처음부터 드러나지는 않는다. 어떠한 사안도 처음엔 안개처럼 다가오고, 어떠한 사람도 그 본색을 처음부터 우리가 알 수 있는 경우는 드물다. 그러나 진리는 시간의 벗, 결국에 진리는 자신의 뜻 그대로 자신을 드러낸다. 아직 드러나지 않은 것 역시 드러나는 변증법적 과정에 있을 뿐이다.

박근혜 시절까지 '진'영논'리'가 진리를 대신했다. '진'과 '리'가 있다고 진리 행세를 했고 우리는 거기에 매몰됐다. 햇빛 아래에 실체를 드러내는(!) 것이 아니라 그냥 머릿속 각인만을 요하는 그 진영논리는 우리에게, 하늘에서 우리를 구원하기 위해 내려온 신이나 마찬가지였다.

그 진영논리 아래 있는 한 우리는 '원죄' 따윈 없는 '선'이었으며 사탄에 맞서는 천군이었다. 그리고, 그 진영논리의 이름 아래 은폐와 호도가 있을 거라는 건 아예 상상하지도 않았다.

문재인 정부 들어 진리가 그 이름값을 하고 있다. 안개는 걷히고 있고, 사람의 본색도 하나씩 드러나고 있으며, 투명성에 대한 요구도 커지고 있다. 진영논리에 빼앗긴 자리를 이제 진리가 찾아가고 있는 것이다. 그러나 여전히 진영논리가 진리인 줄 아는 사람은 많다. 진영논리는 그 어떤 '드러냄'도 전제하지 않음에도 말이다.

진영논리에서 벗어나 '드러나고 있는 것'을 직시하라. '드러내는 것'에 헌신하라. 진리를 직시하고 진리에 헌신하라. 그리고, 진리에 순종하라. (Obedire Veritati)

무너진 '진영제국'

한국의 극우세력은 극악스럽다. 자신들의 이익을 위해선 자국민을 학살하는 일도 서슴지 않았다. 그런데 또 다른 나라의 극우와 달리 민족의 이익보다는 외세의 이익에 더 민감했다. 그럼에도 효과적인 선전선동과 무력으로 수십 년간 한국을 지배했다. 어떤 면에서 이들은 '국가' 그 자체이기도 했다.

그 반대편에 또 다른 세력이 있다. 그 뿌리는 극우세력과 크게 다르지 않지만 '우여곡절'(?) 끝에 반대편에 서게 되었다. 극우세력이 독재를 한 반면에 이들은 '민주'를 내세웠다. 극우세력이 거의 한결같이 자신들의 이익만을 탐했다면, 이들은 그래도 때로는, 또 부분적으로는 공익을 위하기도 했다. 자신들의 사익과 공익이 일치한 경우도 있었지만 말이다. 물론 사익을 아예 접어둔 사람들도 있기는 했다. (그런 분들 덕에 그나마 민주당은 도덕적 우위에 있을 수 있었다) 극우세력이 '국가'를 주로 내세웠다면 이들은 '시민'이나 '민중'을 내세웠다.

지금, 극우세력의 과거와 같은 철옹성은 무너져 내리고 있다. 짙은 흑색이던 모습도 점차 옅어져가고 있다. 그러자 그 반대편에 있던 세력의 민낯도 함께 드러나고 있다. 저쪽이 짙은 흑색이니 상대적으로 하얗게 보이던 색깔도 사실은 회색이었음이 드러나고 있다. 그리고 이들 역시 사실은 '국가'의 일부였다. 저 두 세력은 평행선이었다. 그러나 모두 '국가'를 이룬 양대 축, 시민들과 동떨어진 '저 높은 곳에서' 평행선으로 달리며 시민들 위에서 시민들을 통치하던 '과두정치'의 양축이었다. 그리고 그렇게 진영으로 갈라져 있음으로써 모든 것을 진영의 눈으로 바라보게 했던 '진영 제국'이었다. 극우는 극우대로, 그 반대편은 반대편대로 자신들의 진영만을 절대선으로 간주하였지만 그들 모두 "불균형한 권력과 영향력을 행사하는 소수의 사람들"이란 점에선 공히 '제국인'이었다. 이제 어느 진영에 있다는 것 하나만으로 모든 것이 정당화되고 선(善)이 되는 시대는 지났다. 중요한 것은 개개인의 능력과 도덕성, 그리고 당위성이다. '저 높은 곳에서' 내려와 시민들과 함께 하느냐의 문제이다. '진영 제국'은 몰락했기 때문이다. '팍스 진영나'는 더 이상 없다. 무너진 '진영 제국' 위에서 영원히 펄럭이는 건 '상식'의 깃발이다.

과거에는 어느 편인지만 확인하면 되었다. 선악은 우리 편이냐 아니냐만 따지면 되는 일이었다. 그러나 이제 그런 시대는 갔다. 원래 인간은 그렇게 단순하지 않은 법, 개개인의 욕망은 진영에 국한되지 않는다.
("앞으로 향후 몇십 년간 싸워야 할 악은 민주와 진보의 탈을 쓰고 엄청난 위선을 부리는 무리", "막말하는 극우 정치인보다 더 혼란스러운 이런 세력들을 새롭게 경계해야 한다" -공지영)

민주진보도 알맹이만 남고 그 모오든 껍데기, 위선의 무리는 가라!

역사적 자세의 선택기준

"역사는 대개의 경우, 역사로 하여금 개인을 선택케 하는 한편, 마찬가지로 각 개인으로 하여금 자기의 역사적 자세를 선택케 하는 것입니다. 이렇게 해서 각자가 역사와 자기 자신에게 책임을 지워 나가는 수밖에는 없지요." (−다이 허우잉, [사람아 아, 사람아!] 중에서)

자신이 역사적 자세를 선택할 때 그 기준은 무엇이어야 하는가? 진영논리인가, 보편적인 정의, 원칙과 상식인가?

'진영병 환자'들의 행태

'그들'은 과거가 바뀔 수 있다는 믿음에 사로잡혀 있다. 구체적인 사실은 억압당하고, 일어나지 않았으면 하는 사건들(예를 들어 민주진보쪽 인사들의 부정, 비리)은 언급되지 않고 있다가 결국 부인된다. 그런 일이 비난할 만한 일인지, 일어나기나 한 일인지는 언제나 정치적 편향에 따라 결정되었다. '그들'은 비슷한 유형의 사실들이 가진 유사성을 무시하는 능력도 있다. 즉 '내로남불' 능력인데, 상대편의 음주운전, 불륜, 투기, 횡령, 법률 위반, 이익충돌금지 위반, 표현의 자유 제약 등은 비판할 줄 알아도 민주진보쪽의 비슷한 행태에 대해서는 침묵한다. 그런 일에는 아예 귀를 닫아버릴 수 있는 놀라운 능력을 지니고 있는데, 그 자가당착에 대한 모순도 느끼지 못한다. '그들'에게 있어 어떤 행위는 그 자체의 가치가 아니라 주체에 의해 선악 여부가 판가름되며 우리 편이 저지른 일이면 어떠한 무도함이라도 도덕적으로, 정치적으로 정당화하지 못할 게 없다. '그들' 가운데 이른바 정치평론을 하는 자들은 어떤 잘못을 하더라도 살아남는다. 왜냐하면 헌신적인 추종자들이 그들에게서 구하는 것은 사실에 대한 평가가 아니라 진영 충성에 대한 자극이기 때문이다.

'그들'은 진영병 환자들이다.

(이 글의 뼈대는 조지 오웰이 당시 영국의 민족주의자들을 비판한 글이다. '그들'이란 표현 역시 필자가 고친 것이고 오웰은 '민족주의자들'로 명시했었다. 몇몇 문장은 조금 손을 보았지만, 과거 영국의 민족주의자들과 현재 진영병 환자들의 행태가 비슷해 패러디한 글임을 밝힌다.)

'반적폐'를 넘어 '탈적폐'로

'반식민주의'는 식민지배자들이 물러가는 걸로 달성되었다. 거기까지다. 새로운 지배층으로, 기존의 식민지배자들과 야합하던 세력이 등장했다. 지배층의 종족 또는 국적 교체 외에 원래 그 나라의 고유하던 정신, 문화, 정체성 등은 복원되지 못했다. 그 완전한 복원은 식민주의가 식민지 사회와 피지배인들의 정신에까지 심어놓은 온갖 종류의 잔재를 털어내는 '탈식민주의'를 통해서만 이루어질 수 있는 일이었다.

적폐를 반대하는 것은 쉽다. 그런데 이 '반적폐'에는 나 또는 우리(우리 진영)는 적폐가 아니라는 전제가 암묵적으로 깔려있다. 적폐라는 말은 '쌓여온 폐단'이란 말인데 이쪽엔 마치 적폐가 없는 것처럼 간주하면서 그저 선을 가르는 데만 이용한다. (미셸 푸코는 '감옥이란 감옥 바깥에 있는 사람들로 하여금 자신들은 갇히지 않았다는 착각을 하게 만드는 정치적 공간'이라고 했다.) 국민의힘당이나 수구적폐의 존재가 그 바깥에 있는 사람들로 하여금 '난 수구가 아니니 적폐가 아냐'라는 착각을 하게 만들었기 때문이기도 하다.

게다가 저쪽 세력의 자리를 우리가 차지하면 된다는 사고방식도 같이 호흡한다. 그런 인적 교체만을 '적폐청산'이라고 생각하는 경향이 분명히 존재한다.' 특히 진영론자들에게서. '민주진보'라는 "해방적 언어의 탐닉"에 빠져있는 경우도 많다.(있어 보이잖아.)

결국 이 '반적폐'는 '반식민'의 한계를 고스란히 가지고 있다. 그래서 이젠 '탈적폐'다. 수십 년 수구적폐는 우리 사회 전체, 우리의 사고방식 자체에도 심각한 영향을 끼쳤다. 군사정권의 군사문화(소통이 아니라 '까라면 까'식의 일방통행적 주장 등)는 우리 주위에 건재하며, 천민자본주의의 '물신 숭배'는 진영에 관계 없이(후원금 문제를 보라) '종교화'되었다. 목적을 위해선 수단쯤은 가볍게 여기는 것, 무조건 선악으로만 나누는 마니교적 이원론 또한 대표적인 적폐다. 도덕, 양심, 상식, 원칙의 관철이 아니라 (자신들의 '존재성'을 우선적으로, 배타적으로 관철시키려 하는 제국주의적 논리를 닮은) '어쨌든 우리 진영, 어쨌든 우리 민주당이니까' 하는 사고는 '탈적폐'를 위해선 반드시 없애야할 적폐 중의 적폐다. 태도가 아니라 정치적 입장이 본질인 것처럼 구는 한 도덕, 양심, 상식, 원칙은 제대로 설 수 없다. 지금 시대가 우리에게 요구하는 것은 이 '탈적폐'라고 나는 확신한다. 수구정권하에서라면 '반적폐'만으로도 의미가 있다. 그러나 지금 '반적폐'에 머무는 건 언제든 '반동'을 부를 수 있는 바탕이 된다. 지금은 문재인 민주정부이고 또 이 정부의 연속성을 필요로 하는 시대이다. 그 연속성부터도 '탈적폐' 없이는 이루어지기 힘들며 따라서 '적폐청산'은 완성되지 않는다.

벌써 2022년인데, 언제까지 20세기에 살 것인가.

그날은 걸러지고 나눠지고 침전되고 정리된 이후에 온다

　많은 사람들이 알고 있는, 안도현 시인의 글을 인용한 문재인 대통령의 트윗. 그날이 오기까지 오랜 시간이 걸리고 많은 고통도 뒤따른다는 걸 표현한 글이다. 근데 이 글에서 필자가 추가로 주목하고 싶은 게 있다. 바로 마지막 문장, '뒤섞이고 걸러지고 나눠지고 침전되고 정리된" 이후에야 그날이 온다는 부분.

　어쩌면 전체 민주진보진영은 처음에 뒤섞인 상태였을 것이다. 그것이 노무현 정부와 문재인 정부를 거치면서 나눠지고, 걸러지고, 침전되는 과정에 있다고 생각한다. 운동권 '입진보'들과 우리는 나눠졌으며, 민주당쪽 적폐가 걸러지고 있다. 침전작용은 진행 중이다. 그리고 정리된 이후에도 침전되지 않고 남은 사람들이 '그날'을 끝내 가져올 수 있을 것이다. 그럴 때만이 가능할 것이다.

문재인 ✔
@moonriver365

그날은 절대로 쉽게 오지 않는다.
그날은 깨지고 박살 나 온몸이
너덜너덜해진 다음에 온다. 그날은
참고 기다리면서 엉덩이가 짓물러진
다음에 온다. 그날은 그날을 고대하는
마음과 마음들이 뒤섞이고 걸러지고
나눠지고 침전되고 정리된 이후에
온다/ 안도현

2015년 10월 28일 · 10:46 오후 · 에 Twitter for
Android 앱을 통해

"흐르는 강물처럼"

그렇게 걸러지고 나눠지고 침전되고 정리되면 민주진보의 역량이 줄어들 것 같은가? 천만의 말씀. 강물이 바다를 향해 갈 때 하나의 흐름으로 끝까지 가는 경우는 거의 없다. 지류 몇개 갈라져나가는 일은 흔하다. 그러나 강물의 양은 뒤에서 오는 물로 인해 언제나 채워지며 변함 없이 힘차게 흐른다.

개혁이든 혁명이든 이른바 '주체적 역량'이란 것에서 중요한 건 양적 측면이 아니라 질적 측면이기도 하다. 개혁과 혁명 그 이후를 규정하는 것은 '양'이 아니라 그 역량의 '질'이다. 이재명, 김어준 부류 있어봤자 물만 혼탁해진다.

('그들도 괜찮지 않나?' 정도로 생각하는 사람들은 '본류'로 빨리 돌아오라. '지류'로 가서 '일도창해' 해버리면 다시 오기 힘들다.)

능동적 참여

촛불의 진화, 이제 시민들은 촛불의 참여자로 그치지 않는다. 지도자를 만들고 이끌어 감은 물론, 모두가 창조적이고 능동적인 촛불의 지도자이다.

"주권자의 참여가 민주주의의 수준을 결정할 것입니다. 정치적 선택에 능동적으로 참여해서 주권을 행사하는 시민, 지도자를 만들고 이끌어 가는 시민, 나아가 스스로 지도자가 되고자 하는 창조적이고 능동적인 시민이 우리민주주의의 미래입니다." (– 노무현 대통령, '6.10 민주항쟁 20주년 기념사' 중에서)

우리가 이재명을 비판하고 반대하는 것 역시 주권자인 시민으로서의 능동적 참여이다.

불순물 제거는 갈라치기가 아니다

임시정부 초기에 단재 신채호 선생은 이승만을 격렬하게 비판했다. 이승만이 국제연맹에 위임통치를 청원했기 때문이다. '이완용은 있는 나라를 팔아먹었지만 이승만은 없는 나라를 팔아먹으려 한다'며 이승만 대통령 추대를 결사반대했다.

'아무리 그래도, 생각이 좀 다르다고 같은 임정 안에서 그러면 되나? 내부 분열 일으키는 신채호는 작세요, 일제의 세작이다.' 이른바 민주진보쪽을 비판하면 '갈라치기'니 '세작'이니 하는 자칭 '민주진보빠'들이 그때 있었으면 이렇게 떠들었을 것이다. 지금 하는 행태 그대로.

신채호 선생이 옳았다는 건 이승만이 결국 탄핵된 것을 봐도 알 수 있다. 이승만이 축출된 뒤에야 임정은 임정다워지기 시작했다. 민주당이 더욱 민주당다워지는 것도 내부의 불순물을 제거할 때 가능하다. 그중 최악의 폐기물은 물론 이재명이다.

'범찢련'

좌우를 가리지 않는 언론, 검찰, 법원, 여야를 막론한 적폐정치인들, 과거 노빠 일부(문성근, 유시민, 조기숙, 김정란 등), 그리고 여기에 나꼼수 같은 '유사언론'과 운동권까지.

친목, 현금, 권력욕 등 모든 적폐스러움이 한데 엉켜 단 한 점, 이재명에게로 집중하고 있다. 정치성향조차 문제되지 않는다. 바야흐로 '범찢련'의 등장이다. 당원이나 시민 위에 군림하는 세상을 원한다는 점에서 '범찢련'의 모든 계파는 동일하다. 지금까진 수구 대 개혁 구도였으나 이젠 그런 정치성향보다는 좌우 불문하고 똬리를 틀고 있는 모든 '구시대의 유물'이 더 문제다. 이 유물들을 완전히 치우고 청산하지 못하면 '범찢련'은 붕괴되지 않을 것이다. 그리고 그 붕괴 없이는 '시민이 주인인 나라'는 오지 않는다.

대통령 말씀을
오용하는 것의 문제

　　문재인 대통령을 지지한다는 사람들 중에는 민주당에 대한 비판만 나오면 문 대통령의 얘기를 앞세워 민주당을 옹호하는 경향이 있다. (이른바 '당빠'라고 하는 사람들) 가령 '민주당은 하나다, 서로 믿고 격려하자' 같은 얘기들.

　　근데 그럼 전당대회 끝나고 '민주당은 둘이다, 서로 불신하자' 이러실까? 대통령 입장에서는 원래 당연하게 하시는 얘기가 민주당의 모든 문제에 대해서 입 다물라는 메시지인가? 민주당은 무조건 '쉴드쳐야' 하는 집단이라면 문 대통령이 당 대표 할 때 그 개혁을 위해 노심초사했을까? 민주당은 이젠 개혁 따위는 더 이상 필요없는 정당인가?

　　그럼에도 문 대통령은 최근만 봐도 윤미향 사태와 추경 처리문제 등에 대해 비교적 분명하게 언급하였다. 후원금의 투명한 공개, 이용수 운동가에 대한 지지, 추경 처리가 지연되고 있는 것에 대한 환기 등. 이건 결국 민주당이 일을 제대로 처리하지 않고 있다는 의중의 반영이다.

문재인 대통령 지지자인 척 하는 '당빠'(민주당은 문제 없고 민주당이라면 그 누구든 지지하는 사람들. 근데 이것도 자신들이 편한 대로다.)들은 행간을 읽을 능력 따위는 없는 것인지도 모르겠다. 과거의 역사 자료를 볼 때도 가장 중요한 게 '사료 비판'(따져가며 해석하라는 것, 비난과는 다름)이다. 어떤 입장을 가질 수밖에 없는 누가, 어떤 의도로, 어떤 상황과 맥락에서 기록을 작성했는지 꼼꼼히 살펴야 한다는 것이다. 그렇지 않고 기록에 있는 글자 그대로 믿어버리는 '문자주의'에 빠지면 본의 아니게 역사 왜곡을 할 수도 있다. 성서 해석에서 '문자주의'에 빠지면 실제 예수의 가르침과는 어긋날 수 있으며, 정치적인 사안이나 이데올로기에서 '문자주의'에 빠지면 그건 '교조주의'로 이어진다. 그게 곧 적폐다. '민주당은 하나다'라는 언급만 수백 년 뒤에 남았을 때 그걸 '사료 비판' 없이 읽으면 민주당 안엔 정말 아무런 문제도 없었고, 문제가 있어도 해결하지 말고 무조건 침묵해야 했었으며 문 대통령도 그렇게 생각했다는 결론밖에 안 나온다.

(민주당의 문제를 비판하진 않지만 민주당을 곱게만 보진 않는다는 사람들도 있다. 그런데, '곱게만 보는 사람들'과 '곱게만 보진 않지만 한 마디 비판도 안하는 사람들' 그 두 부류의 생각은 달라도 현실에서 작동하는 '물질성'은 같다. 그저 '난 당빠는 아냐'라는 자기위안을 가지고 있느냐 없느냐의 차이만 있을 뿐이다.)

진정한 민주당원이 해야 할 일

문파가 이재명을 비판하는 걸 갖고 당내경쟁인데 너무 심한 거 아니냐고 생각하는, 그래서 상대편 정당에 좋은 일 하는 거 아니냐고 주장하는 사람들이 있다. (이런 사람들이 또, 이재명이 정부를 공격하거나 이낙연 의원을 비난하는 걸 뭐라 하진 않는다. 자신들이 필요할 때만 '원팀' 운운하는 원(one)세포스런 짓을 태연하게 한다.)

이재명이 민주당에 있는 것 자체가 '민주당스런' 일이 아니라는 걸 그렇게 이해를 못하나? 다른 사람 다 돼도 (글자 그대로 당내경쟁을 수용할 수 있는), 이재명은 절대 안 된다. 당내경쟁 그 이전의 근본적인 문제다. 민주당원이라면 이재명을 치열하게 비판해야 하고, 진정한 민주진보라면 이재명을 쓰레기 취급해야 하며, 정권연장을 원한다면 지금 이재명부터 확실하게 버리고 파묻어야 한다. 그렇게 하지 않는 게 상대편 야당이 좋아할 일이다. 생각이란 걸 할 수 있는 사람이라면, 왜 모든 언론이, 검찰법원까지 그를 싸고도는지, 그것부터 의문을 갖는 게 정상이다.

이재명을 비판하지 않는 것도 불의

단도직입적으로 말한다. 노골적인 이재명 지지자(일명 '찢빠')들이야 어차피 구제불능, 그런데 거기에 안 들어간다고 제대로 된 사람인 건 아니다.

나름 글 좀 쓴다 하는 자 중에 이재명을 비판하지 않는 자, 모두 껍데기다. 나름 먹물 좀 들었다고 하는 자 중에 이재명에 대해 침묵하는 자, 모두 가짜다. 나름 무슨무슨 전문가라 하는 자 중에 이재명 문제를 인식하지 못하는 자, 모두 문외한(또는 무뇌한)이다. 이재명이 보여주는 파시즘, 포퓰리즘, 기회주의, 지 사람 챙기기, 특정재벌들과의 결탁, 적폐언론과의 공생, 대선에 눈 멀어 벌이는 '도정 농단' 등등의 문제를 (도대체 한 개인이 저렇게 버라이어티하게 문제를 가질 수 있다는 것도 역사적(?) 사건) 제대로 보지 못한다면 당신들은 그저 눈 뜬 장님에 불과할 뿐이다. 심안이 닫힌 자에게 통찰은 없다. 이재명을 제대로 다루지 않는 당신들의 글은 그저 기교가 들어간 단어의 나열일 뿐이며, 이재명을 제대로 비판하지 않는 당신들의 지식이란 건 법의 정신은 없는 검판들의 법지식보다 못하다.

당신들 눈엔 이재명이 매력적으로 보이는가? 그러나 매력적인 것과 참된 것을 구분하지 않을 때 역사는 반동으로 흐른다.(히틀러도 무솔리니도 등장할 때는 그 국민들에게 얼마나 매력적이었던가. 이명박도 경제 살릴(?) 거라는 '매력'이 있었다)

민주진영 안에서 정의를 제대로 채우지 않을 때 그 정의는 진영을 넘어 우리 사회 전체에 강물처럼 흐르지 못한다. 물이 이쪽을 다 채워야 넘쳐서 다른 곳으로 흐르는 것처럼. (물에게서 배우라.) 이재명에 침묵하거나 그 자를 옹호하면서 수구를 비판한다는 것은 실체적으론 당신들의 '자가당착용 민주진보놀이'가 될 뿐이다. 그러니 당신들이 감히 민주진보라고 자처하지 마라. 수구보다 낫다는 착각은 개나 주어라. 당신들은 적폐들과 다를 게 하나도 없으며, 지옥의 가장 뜨거운 자리는 바로 당신들 것이다.

"어떤 행위를 하는 것만이 불의가 되는 것이 아니라 어떤 행위를 하지 않는 것이 불의가 되기도 한다." (– 마르쿠스 아우렐리우스, [명상록]) 이재명을 극렬 지지하는 것만 불의가 되는 것이 아니다. 어떤 형태로든 이재명 비판에 참여하지 않는 것도 지금은 불의가 된다.

문파의 양심

과거 운동에 나섰던 사람은 크게 두 부류가 있을 것이다. 실천적이고 조직적이고 처음부터 두각을 나타냈던 사람들, 그래서 남들이 보기에 강인해보였던 사람들, 그리고 다른 한편엔 처음엔 그다지 두각을 나타내지 않았던 사람들이 있다. 신영복 선생은 전자의 부류는 지금 없어졌다고 하고 (변절하거나 '입진보'된 운동권들을 봐도), 지금까지 자기의 길을 지키는 사람들은 후자라고 한다. 그리고 그 이유는 후자의 사람들은 운동에 나선 계기가 '양심의 가책'에서 비롯된 것이기 때문이라고 한다. 양심적 동기에서 출발한 사람은 꾸준히 성장하며, 양심적인 사람이 가장 강한 사람이라고 덧붙인다.

양심, 나는 이것이 문파와 '찢빠'(그리고 이른바 '샤이 찢빠')의 가장 큰 차이점이 아닐까 한다. 민주진보를 원하는 사람들로서 거창한 개혁 담론 같은 건 비슷하게 가지고 있을 수도 있다. 그러나 '찢빠' 및 '샤이 찢빠'들에게 결정적으로 부족한 것이 바로 양심이다. 내가 왜 그렇게 단언하냐고? 그들이 보여주는 행태가 이미 충분히 증명하거니와 (도덕성은 전혀 고려하지 않는 것 등), 단적인 바로미터는 바로 혜경궁 트윗에 대한 태도이다. 양심을 가진 문파로서는 도저히 그 트윗을 묵과할 수가 없다.(그 트윗이 이재명과 뭔 상관이냐고 하는 사람들은 그냥 인식능력이 제로임을 드러낼 뿐). 그런 패륜을 저지른 자를 문파의 양심으로는 도저히 용서할 수가 없다. 그러나 골수 이재명 지지자들은 '그 트윗이 뭐가 어때서'라고 생각하는 자들이 대다수이며, '샤이 찢빠'들은 양심이 아니라 진영논리에 매몰돼 그 트윗과 이재명의 관계를 애써 인정하지 않고 있는 것이다.

문파가 이재명을 (그냥 싫어하는 정도를 넘어) 절대반대하는 것은 양심적 동기에서 출발한 것이다. 문파는 양심에 따라 끝까지 자기의 길을 갈 것이며, 그래서 가장 강하다.

2장

이재명의
과거와 현재

이재명의 전력 ✍️

1. 박스떼기 조직의 회장

이재명은 정동영의 사조직 '정동영과 통하는 사람들'(이하 정통) 회장 출신으로서 정동영 측근이었다. 물론 이것 자체는 별 문제가 아니다. 문제는 '정통'에서 2007년 대선 경선 때 이른바 버스떼기, 박스떼기 등 불법적인 표 동원을 했고 그 주체 중의 하나가 회장인 이재명이라는 것이다. 정통 멤버들이 부산 모처에서 차량동원 계획을 짜던 현장에 손학규 캠프 사람들이 선관위원을 대동하고 나타나면서 양측은 육탄전을 벌이기도 했다. 이재명은 이 일에 대해 제대로 책임을 인정하지도, 사죄하지도 않았다. 당시 손학규 후보쪽이었던 정봉주와 이 당시를 회상하는 자리에서도 그저 "그거야 그때 잘못한 거지 하하하하 (웃음) 근데 그거 10년 전 얘기 가지고…"라고 얼버무린 게 전부다.

이재명은 정통 회장 시절 이런 글을 정통 게시판에 올리기도 했다.

"오늘 정책토론회를 보니 유시민 후보 지지자들이 열심히 댓글을 쓰는데, 상당수가 왜 그리 싸가지가 없을까요? 감정절제 못하고, 욕설하고, 흥분하고, 저질 표현하고… 이러면 유 후보가 더 손해일텐데… 유시민 좋다가도 그 행태를 보면 싫어지겠죠. 유유상종이라… 지지자들 행동을 보고 사람들은 유시민을 판단하게 되는데… 수준이하 지지자들은 후보를 돕는게 아니라 기생충 같은 거죠. 정통들의 점잖은 표현을 좀 가르쳐야 할 듯^^ 동의하면 댓글 폭탄 ㅎㅎㅎ"

여기서 언급하고 있는 수준이 사실 그때 정통들 수준이었다. 감정절제 못하고, 욕설하고, 흥분하고, 저질 표현하는 건 이재명의 특기들이기도 하다.

2. 가짜 인권변호사

이재명은 민주화운동에 대한 미안함 때문에 판검사를 포기하고 변호사가 되었다고 주장한다. 그리고 틈만 나면 자신이 인권변호사였다고 얘기한다. 그러나 이건 거짓말이 완전히 몸에 밴 자의 일상적인 거짓 가운데 하나다. 이재명이 80년대 대학 다닐 때 민주화운동을 했다는, 또는 조금이라도 관여했다는 어떤 증언이나 증거도 없다.(오히려 경기지사 선거 때는 민주화운동 전과를 다른 범죄 전과와 동일하게 보는 발언도 할 정도이다.) 그 스스로 말하듯이 5.18에 대해선 제대로 알지도 못했고 한때 일베도 했다는 사람이 80년대에 민주화운동에 대한 미안함과 양심이 있었다는 건 앞뒤가 맞지 않는다.(일베가 생긴 건 2010년이다.)

인권변호사 운운하는 건 더 가소롭다. 2016년에 정기영 성남시 의원이 양심고백한 것에 따르면, 이재명이 민선시장 출마하기 4년 전에 자신이 회장으로 있던 장애인단체에 인권변호사가 되겠다고 연락해오면서 민변에 제출할 허위봉사활동서를 요구해 받아갔다고 한다. 허위봉사활동서는 장애인들을 위한 무료변론을 해왔다는 허위사실이 기재된 채 민변에 제출되었고, 나중에 이재명은 시장 선거에 나오면서 '인권변호사'를 강조했다는 것이다. 이 내용을 정기영 의원이 공개하자 이재명은 역시 허위사실로 고소했는데, 얼마 안 가 취하했다. 끝까지 갈 경우 어떻게 될지는 이재명 본인이 더 잘 알기 때문이었으리라. 사실 이재명으로부터 인권관련 변론을 받았다는 사람은 아직까지 발굴(?)되지 않고 있다.

오히려 이재명이 조폭과 살인범들을 변호했던 사실들만 구체적으로 밝혀지고 있다. 이재명은, 자신의 여자친구와 그 어머니를 18차례 이상 찔러 잔혹하게 살해한 국제파 조폭 조카를 변호하기도 했고, 자신의 동거녀였던 여인에게 어린 딸 앞에서 강제로 농약을 마시게 한 후배를 8차례 찔러 살해한 자를 변호한 적도 있다. 이때 모두 이재명이 주장했던 건 범인들의 '심신미약'이었다. 그런 잔혹한 범죄자들도 '심신미약'이라고 주장하는 게 과연 '인권변호사'가 할 수 있는 일인지 궁금하다. 이랬던 자가 2018년 경기지사 때는 '국민들은 정신질환에 의한 감형에 분노한다'라는 트윗을 쓰기도 했다. 이재명은 이외에도 자신의 또다른 조카를 포함해 모두 3명의 흉악범을 추가로 변호한 적이 있다. 모두 성남국제파 조직원들이다. 이쯤 되면 이재명은 성남국제파 고문변호사라고 봐야 될 정도다.(조직원이었던 박철민은 이재명을 조직원들이 '보스'라고 부르기도 했다는 증언을 했다.)

그리고 이재명이 파타야 살인사건의 범인인 국제파 조폭의 해외도피를 주선했다는 폭로도 있다. 이런 폭로까지 나온 정치인이 과연 우리 헌정사에 있었던가. 게다가 이런 핵폭탄급 사안에도 언론은 침묵하고 검찰은 조사할 생각조차 안 한다.

이재명은 이미 권력을 휘두르고 있다. 그리고 만에 하나 이재명이 대통령이 된다면 조폭까지 활개치는 세상이 될 것임은 분명하다. 이재명과 관련되는 한, 검찰과 사법부도 조폭을 건드리지 않는다..

3. 전과 4범

이재명은 전과4범이다. 민주진보쪽 정치인들이 흔히 훈장처럼 달고 있는 민주화운동 관련도 아니다. 도로교통법 위반(음주운전), 무고죄 및 공무원자격사칭(검사 사칭), 특수공무집행 방해 및 공용물건손상, 공직선거법 위반 등 하나만 갖고 있어도 국민의 공복으로서는 용인되기 힘든 것들이다.

이재명은 이 전과가 마치 자신의 인권변호사 활동으로 인해 생긴 것처럼 주장하고 있다. 다시 말하지만, 이재명은 인권변호사 활동을 한 적이 없다. 그리고 세상 어느 인권변호사가 저런 전과까지 뒤집어쓰면서 활동을 해왔는지 의문이다. '반인권적' 행태를 할 수밖에 없는 '인권활동'이란 게 존재나 할 수 있는 것인가?

검사 사칭만 해도, 같은 민주당 소속인 당시 김병량 성남시장을 음해하기 위한 것이었다. 2002년 추적60분에서는 백궁정자지구 용도변경 및 파크뷰 특혜분양 사건 기획취재를 위해 당시 김병량 성남시장 인터뷰를 하려고 했으나 김 시장이 응하지 않자 담당 최철호 PD와 이재명이 공모해 검사를 사칭하면서 전화 인터뷰를 했다. 그리고 그 전화 인터뷰를 불법녹음했는데, 이재명은 이걸 단독으로 공개하기까지 했다. (지방선거 20일 전, 다분히 김 시장의 낙선을 노린 것이었고, 결국 김 시장은 닉선하고 한나라당 이대엽이 새 성남시장이 되었다.)

이에 김병량 시장이 최철호와 이재명을 '선거법 위반 및 검사 사칭'으로 고소하였고, 이재명이 역고소 하면서 법정 다툼이 벌어졌다. 그 결과 최철호와 이재명 모두 유죄 판결을 받으면서 법원은 김 시장의 손을 들어줬다. 김 시장에게 문제가 있었느냐의 여부를 떠나 이재명의 공무원 사칭 자체는 빼도박도 못하는 불법행위였기 때문이다.

음주운전에 대해서도 이재명은 이대엽 시장의 농협 부정대출사건을 보도한 권모 기자의 명예훼손 소송과정에서 증거수집하던 중 빚어진 일이라고 주장한 적이 있다. 그런데, 음주운전을 해야만 증거를 수집할 수 있는 게 아니라면 이건 그냥 핑계에 불과하다. 음주운전과 증거수집 사이에는 아무런 연관관계가 없다.

세번째 전과는 2004년 성남시 시립병원 설립조례 제정 문제로 인해 시립병원 범시민추진위 인사들이 시의회 의원들을 폭행하고 기물을 손괴하는 등의 불법을 저질렀던 것과 관련된 전과다. 시의회와 성남시 모두 범시민추진위를 기물 손괴, 직원 폭행, 공무집행방해 등 혐의로 고소했던 것이다. 이재명과 시민추진위 인사들의 행동은 목적을 위해 선 수단 방법은 안 가리는 전형적인 행태였다고 할 수 있다.

(이재명은 나중에 시장이 돼 시립병원을 세우는 것처럼 쇼를 하기도 했으나 원래 애초부터 자신의 정치적 야망을 위해 시립병원을 이용했다는 걸 입증이라도 하듯 병원을 팽개쳐 결국 시립병원은 현재 공중에 떠버린 상태다. -단가 '후려치기'로 건설사 파산, 병원은 공사 중단)

그리고 마지막은 선거법 위반이다. 2008년 성남시장 선거 당시 지하철 역에서 명함 300장을 뿌린 혐의로 기소되었고 벌금 50만 원형을 받았다. 100만 원 미만이라 시장직을 잃지 않았을 뿐 엄연히 유죄였던 것이다.

그런데 사실 이재명은 전과 4범이 아니라 5범이라고 할 수 있다. 이재명은 경기도지사 선거 때, 친형을 강제입원시키기 위해 보건소장을 협박했던 전력, 대장동 택지개발과 관련해 자신의 치적을 허위과장한 것, 검사 사칭 전력을 부인했던 것들로 인해 허위사실 유포로 기소되었다. 고등법원에서 지사직 상실형에 해당하는 300만 원형을 받았으나 대법원에서 '진실이 아니라 하더라도 허위사실 공표로 볼 수 없다'는 희대의 막장판결을 하면서 파기환송한 덕에 겨우 전과 추가는 피했다. 이건 법원이 법리 해석 그 자체에 충실했던 것이 아니라 의도적으로 이재명을 감싸주는 '반법치적' 행태를 한 덕분이었을 뿐, 이때 이재명은 지사직을 잃어야 했던 것이 사법정의에도 맞는 일이었다.

이재명의 패륜

이재명은 흔히 자신의 가족사를 '불행한 가족사'라고 표현한다. 자신을 가족사의 피해자인 양 보이게 하기 위한 단어 선택이다. 그런데 사실은 '불행한 가족사'가 아니라 이재명에 의한 '패륜 가족사'이며, 이재명은 피해자가 아니라 가해자다. 불행한 가족사라고 한다면 그 원인 제공자는 이재명이다.

그 핵심은 셋째 형 이재선 씨에 대한 이재명의 정신적 테러다. 이재명은 친형 이재선 씨가 시장인 동생의 지위를 이용하여 사적인 이득을 취하려 했고, 정신에 문제가 있었으며, 친모를 폭행하고 욕설도 했다고 주장하였다. 그러나 이재선 씨가 사적인 이득을 취하려 했다는 건 이재명의 일방적인 주장일 뿐 증거는 하나도 없다. 오히려 이재선 씨는 회계사의 능력으로 이재명의 가짜 모라토리엄 선언 등 성남시정을 공개적으로 비판하곤 했는데 이로 인해 이재명 쪽으로부터 엄청난 협박과 폭언에 시달렸다.(이재명의 수행비서 백종선이(사실상 이재명이) 이재선 씨에게 보낸 문자를 보라.)

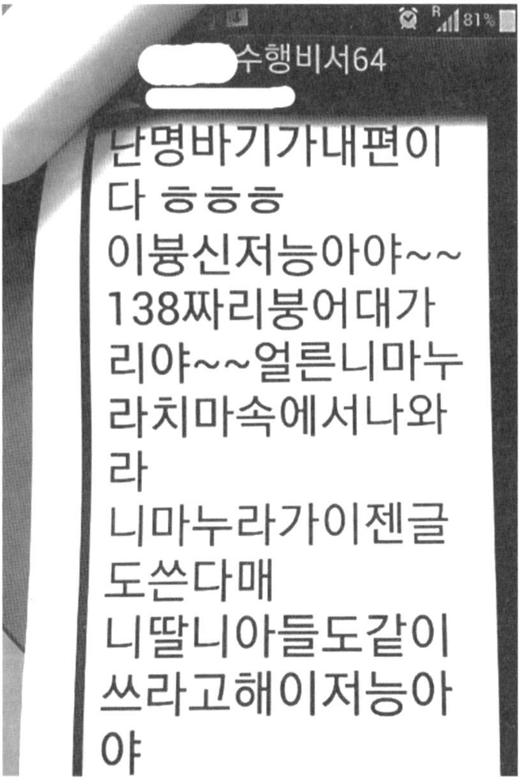
81%
수행비서64
난명바기가내편이
다 ㅎㅎㅎ
이붕신저능아야~~
138짜리붕어대가
리야~~얼른니마누
라치마속에서나와
라
니마누라가이젠글
도쓴다매
니딸니아들도같이
쓰라고해이저능아
야

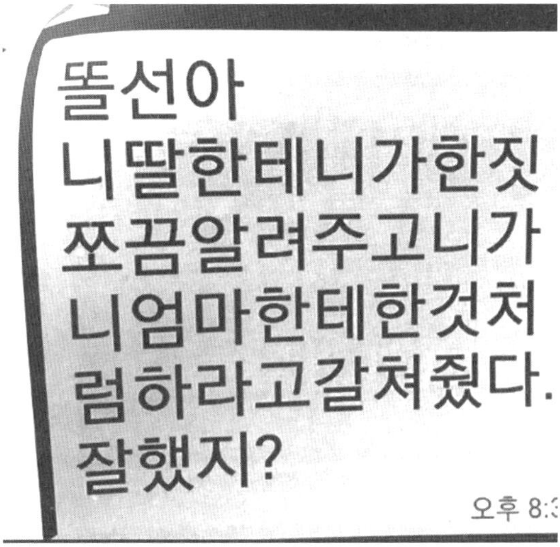
똘선아
니딸한테니가한짓
쪼끔알려주고니가
니엄마한테한것처
럼하라고갈쳐줬다.
잘했지?
오후 8:

노상강도당해서
뒤지지는말고
척추가부러져서반
병신만되어라.
평생못일어나게—
개새끼

오후 9:24

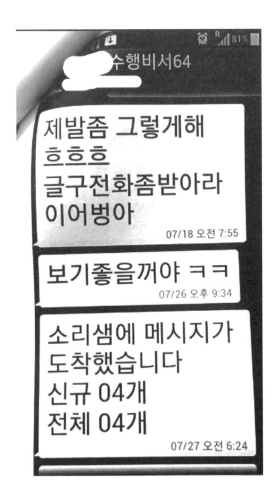

수행비서64

제발좀 그렇게해
흐흐흐
글구전화좀받아라
이어벙아

07/18 오전 7:55

보기좋을꺼야 ㅋㅋ

07/26 오후 9:34

소리샘에 메시지가
도착했습니다
신규 04개
전체 04개

07/27 오전 6:24

이게 인간이 보낸 문자인가? 그리고 끝내 이재명은 눈엣가시인 이재선 씨를 없애기 위해 이재선 씨를 정신병원에 강제입원시키려고 했다.

이재명은 강제입원 시도를 합리화하기 위해 마치 이재선 씨가 정신병이 있었던 것처럼 주장한다. 2012년 4월에 이재명의 형제 3명과 그 모친이 이재선 씨의 정신치료를 요구하는 의뢰서를 성남정신건강센터에 보낸 걸 근거로 하고 있다.(후술하듯 이 전에 이미 성남시 측의 공작은 시작됨. 이 의뢰서 5일 전에 성남시 공작에 따라 분당서울대병원 검진서가 대면진료도 없이 발급된 것)

그러나 이것은 이재명에 의해 인위적으로 진행된 것이었다. 사실 이재명의 모친과 형제들은 시장으로 출세한(?) 이재명 편에 서서, 이재명 시정을 비판하던 이재선 씨를 마땅치 않게 여기고 있었기에 쉬운 일이었다.(그런데 형제중 한 명은 본인도 모르게 의뢰서에 서명이 되었다고 한다.) 그리고 그 모친과 형제들은 의뢰서 제출을 정작 이재선 씨 가족에게는 알리지도 않았다. 진짜 정신병이 있었다면 가족들과 같이 협의를 했어야만 하는 게 상식이다.

그런데 이재명이 '정신건강 검진'을 거쳐 이재선 씨를 강제입원시키려고 했던 것은 이재명의 아내 김혜경이 이재선 씨의 딸 이주영 씨와 한 전화통화에서 분명히 드러나기도 했다. 김혜경은 '내가 여태까지 너희 아빠 강제 입원 내가 말렸거든. 너희 작은 아빠(이재명 지사) 하는 거. (그런데 이제) 그렇게 해줄 거다. 너 때문인 줄 알아라'라고 말한 적이 있다. 분명히 '강제 입원'이라고 못 박고 있다. (그 말 그대로 이 이후에는 말리지 않았던 것 같다.)

특히 문제는 이재명이 이재선 씨 강제입원을 위해 시장 권력을 이용하는 직권 남용을 저질렀다는 점이다. 분당 보건소와 성남 정신건강센터가 그 도구였다.

소장을 성남시장이 임명하는 분당보건소 산하 성남정신건강센터는 2012년 8월 이재선 씨에 대해 정신병원 입원을 요청하는 진단 및 보호 신청서를 성남시에 보냈다. 그리고 분당서울대병원과 분당차병원의 진단을 근거로 첨부했다. 그런데 여기에는 중대한 결함이 있다. 그 진단서는 병원 직인도 찍히지 않아 제대로 된 진단서라 볼 수도 없었다는 것, 나중에 병원 쪽에서도 자기네 병원 명의의 의견서는 병원 강제입원 근거가 될 수 없다고 밝힌 것, 무엇보다도 이재선 씨 본인을 대면진료 하지도 않은 채 작성됐다는 것 등이다. 정신병원 입원 요청서는 그런 문제투성이인 진단서를 갖고 이재명의 영향하에 있던 성남정신건강센터의 장재승이 임의로 작성한 문서였던 것이다.

게다가 애초에 분당서울대병원 명의의 진단서가 발급된 건 그 모친 등이 정신건강 검진 요청서를 보낸 4월 10일보다 5일 앞선 4월 5일이었다. 모친과 형제들의 검진 요청서가 들어오기도 전에 본인 대면도 없이 진단서가 발급되었다는 건 이미 이재선 씨를 정신병자로 몰고가기 위한 작업이 진행되고 있었다는 걸 말해준다. 특히 그 서울대병원 명의로 소견서를 작성한 의사는 당시 성남정신건강센터에 파견근무중이었고 촉탁이 끝난 후 행적이 묘연하다는 것도 쉽게 납득가는 일은 아니다.

분당차병원의 의견서에는 또다른 시기적인 문제가 있었다. 분당차병원이 회신서를 발송한 시점은 8월 7일이고 성남정신건강센터가 이재선씨에 대한 진단 및 보호 신청서를 낸 건 그 5일 전인 8월 2일이다. 즉, 두 병원 모두 진단서로 인정하지 않는 서류조차 성남정신건강센터의 입원 요청서 작성 때는 제대로 갖춰져 있지 않았던 것이다. 현행법은 진단 및 보호 신청서 발급을 위해 전문의 두 명 이상의 진단서를 요구하고 있다고 한다. 결국 성남정신건강센터는 불법을 자행한 셈이다. 과연 누구를 위해서? 누구에 의해서?

　이재선 씨 강제입원 시도과정에서 이재명은 자신의 말을 잘 듣지 않던 구성수 소장을 교체하여 그 자리에 자신의 시장 선거운동을 돕던 이모 씨를 앉히기도 했으며 성남시 공무원들을 동원하기도 했다. 그리고 위에서 언급한 것처럼 성남정신건강센터를 사조직처럼 이용했다. 이재선 씨 가족이 지적하는 것도 바로 이러한 직권남용 문제였다.

　참고로 이재선 씨의 딸 이주영 씨가 페이스북에 올린 글을 이해를 돕기 위해 일부 인용한다.

　"저희 가족의 일관된 주장은 이재명이 아버지를 강제입원을 시켰다라는 것이 아니라, 그가 조직적으로 공무원을 움직여 강제입원을 시도한 정황을 직권남용죄를 묻는 것입니다. 아래의 '팩트체크'와 같이 8명의 공무원들의 서류가 6~8일이나 먼저 작성되었고, 그 후 어머님(구호명)의 서류가 작성되었습니다. 이재명은 분당서울대병원 정신과의사 의견서(2012. 4. 5)보다 늦게 쓰여진 어머니의 서류만을 강조하며 조직적으로 움직인 공무원들의 진술서와 그를 토대로 한 의사의견서에 대해서는 어떠한 이야기도 하지 않으며, 김혜경의 전화녹취로 사실이 드러났음에도 불구하고 '정신질환 진단'의미라 변명하고 있습니다. 또한 2년 7개월 후에 일어난 2014년의 입원사실을 끌어다 쓰면서 물타기를 하고 있습니다.

(중략)

추가로, 차병원에 분당보건소장과 백종선이 공무원들의 진술서와 이재선의 민원글들을 직접 들고서 의견서소견을 받으러 갔다고 전해 들었음. 끝으로, 공무원 진술서 및 민원접수목록 문서는 양식도 없고 업무도 아닌 일인데 공무원 7~8명이 한꺼번에 작성했다는 것은 저항할 수 없는 압박에 굴복한 증거라고 볼 수밖에 없습니다."

언론기사도 이를 뒷받침한다. 진술서를 작성한 공무원중 한 명은, "처음에는 진술서를 쓰는 것이 부담스러워 거절했지만 성남시 내부에서 계속 요구해 써줬다. 처음엔 '악성 민원을 중단시키기 위해서'라는 말에 그런 줄만 알았다. 하지만 민원인을 정신병원에 입원시키는 데 사용될 줄은 꿈에도 생각하지 못했다. 그래서 지금도 무척 불쾌하고 당황스럽다." 이에 대해 성남시는 "당시 진술서를 작성한 경위를 확인해 줄 수 없다"고 했다고 하고 있다.[2]

----

2 한국경제, 2018. 8. 5

이재선 씨가 2014년에 정신병원에 입원한 사실은 있다. 이재명은 이걸 갖고 처음부터 이재선 씨에게 정신병이 있었던 것처럼 주장한다. 그러나 이것은 임진왜란의 원인이 이순신의 죽음이다라는 것만큼 어이 없는 주장이다. (이재명이 이재선 씨를 강제입원시키려 했던 것은 2012년이고) 이재선 씨가 2014년에 입원하게 된 것은 2013년에 있었던 교통사고 때문이다. 외상후 스트레스 증상을 치료하기 위한 것이었다. 동생이 자신을 협박하고 폭언을 하며 집요하게 정신병원에 강제입원시키려 한 것에서 온 스트레스도 작용했을 것이다. 실제로 이재명의 괴롭힘으로 인해 이재선 씨는 불안증세와 불면증에 시달리고 있었고, 입원 후 심리치료를 받는 게 좋을 것 같다는 의사의 권유를 가족들이 받아들여서 이루어진 것이었다. 이 입원치료가 2012년에 이재명이 한 짓들을 합리화할 수 없음은 물론이다. 오히려 이재명의 악행을 증명할 뿐이다. 그런데 이재명은 사실까지 왜곡해 '이재선 씨 교통사고는 자살하려고 한 것이다, 기행, 폭력, 가산 탕진 등을 했다'며 끝까지 이재선 씨가 정신적으로 문제가 있는 사람인 것처럼 몰아갔다. 물론 다 근거 없는 중상모략이었다. 이랬던 이재명이 가끔 대외적으로 '사랑하는 형님' 운운하는 걸 보면 인간의 낯짝 두께는 과연 얼마큼 두꺼워질 수 있는지 궁금해질 뿐이다.

이재명의 쌍욕

이렇게 이재선 씨를 강제입원시키려고 하는 과정에서 저 유명한(?) 형수 쌍욕(형수인 박인복 씨에게 ㅆㅂㄴ, 보확찢 등 차마 입에 담을 수 없는 욕설들을 한 것. 이재명의 별명 '찢'은 그 욕에서 유래한다) 사건이 발생하고 2014년 그 전화통화 녹음이 공개되었다.(지금도 유튜브 등에 있으니 독자 여러분께서는 찾아 들어보기 바란다.) 형에게도 쌍욕을 날렸음은 물론이다.

형이 먼저 모친에게 욕설을 해서 홧김에 그랬다고 이재명은 주장하는데, 그건 사실도 아닐뿐더러 사실이라 하더라도 형수에게 그런 욕을 한다는 건 사람이라면 도저히 흉내도 낼 수 없는 작태라고 할 수밖에 없다. 악마가 어디 멀리 있는 게 아니다.[3]

----

3 '성남시장과 그 부인이 이재선 씨는 정신병자이고 병원에 알아서 입원시키라는 문자가 수없이 계속되었다' '형수에게 감히 입에 담기도 힘든 욕을 전화로 계속 했다. 예를 들자면 병신, 씨발년, 니 남편 앵벌이 시켜서 살아가는 년, 병신년 등등.'
'그 수행비서도 이재선 씨에게 전화로, 물어버릴 거다. 조용히 살아라, 죽여버리겠다 하고 사무실까지 찾아와 직원들을 두려움에 떨게 하는 행동을 했다'와 같은 증언도 있다.

2012년 7월 15일 이재선 씨는 모친과 형제들이 자신을 강제입원시키려 했다는 것에 대한 경위를 묻기 위해 모친 집을 찾아갔다가 실랑이를 벌이게 되었고, 모친을 폭행했다는 고소까지 당하게 되었다. 나중에 이재명은 이재선 씨의 이날 행동에 화가 나 형수에게 쌍욕을 했다고 하지만 (직접 들어보시라. 이게 그냥 단순한 반작용의 욕설인지…) 이재명이 형수에게 욕질을 한 건 그 이전인 7월 6일이었다. 이재선 씨가 모친을 폭행했다는 이재명의 주장도 이재선 씨에게 법원이 무혐의로 결론 내리면서 허위로 판명났다.

이재명의 주장처럼 이재선 씨가 모친에게 욕을 한 것도 아니었다. 이재선 씨 부부가 김혜경을 만나 대화를 하는 과정에서 이재선 씨가 '나는 태어나지 말았어야 한다. 다시 어머니 배 속으로 들어가고 싶다'는 표현을 과하게 했을 뿐이고, 결정적으로 그 자리에 모친은 있지도 않았다.

(앞서 언급한 것처럼 설령 이재명의 주장이 맞다고 해도 형수에게 ㅆㅂㄴ, 친형에게 ㄱㅅㄲ라는 쌍욕을 하는 게 합리화되지 않는다. 게다가 형이 먼저 그래서 그랬다면서 형도 아닌 형수에게까지 쌍욕을 하는 건 정상적인 사람이라면 상상도 못할 일이다.

내가 이 문제를 거론할 때 이재명 지지자들은 '나 같아도 욕했을 거다'라는 반응을 보였다. 이재명의 주장만 믿는 광신인데다가 형수에게 욕을 한다는 게 아무렇지도 않은 저렴한 도덕 불감증이다. 그래서 필자가, 그럼 이재명의 해명주장을 비롯해 욕설파일까지 모든 걸 방송에 공개하는 건 어떠냐고 했을 때 찬성한 이재명 지지자, 일명 '찢빠'는 단

한명도 없었다. '나 같아도 욕했을 거'라면 모든 국민도 이재명을 이해해줄 텐데 뭐가 켕기는지 의문이다.)

이재선 씨가 쓴 글들을 보면 그가 인문학적 소양을 갖춘 지식인이었다는 걸 알 수 있다. 민주당이 자신의 주장에 귀를 기울이지 않고 정신병원에 수용될 위험에까지 처하자 한때 박사모에 들어가기도 했지만 (나중에 박사모 회계문제를 비판해 제명당함) 그는 기본적으로 노무현 대통령 지지자이기도 했다. 그런 사람을, 자신을 비판했다는 이유로 어떻게든 밟으려 했던 이재명의 모습은 자신에 대한 비판을 못 견뎌 고소고발을 남발하는 독재자 DNA의 구현이기도 했다.

(이재명은 형과 형수한테만 욕설한 게 아니었다. 과거 자유선진당의 어느 여성 당직자는 전화로 이재명의 욕설을 듣고난 후 정신이 혼미해지기도 했다고 한다. 언어는 존재의 집이라고 하는 말이 있는데, 욕설은 이재명이라는 존재의 집일지도 모른다.)

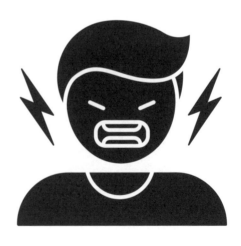

논문 표절

'백설명'이 불여일견이다. 직접 보기 바란다. 3분의 2 이상을 통으로 베꼈다. 이 정도면 표절 정도가 아니라 그냥 복사다. '찢도리코'라는 별명이 생겨도 뭐라 할 수 없는 지경이다.

이재명 2005

제 2 절 연구의 범위와 방법

3p
지방자치단체의 부정부패 문제는 어느 시대, 어느 국가를 막론하고 정도의 차이는 있지만 항상 존재해 왔으며, 우리나라에도 부정부패 척결이 건국 이래 지속적인 문제로 제기되어 왔다. 그러나 날로 대형화되고 구조적으로 관례화되고 있는 지방정치의 부정부패 문제는 정부에 대한 국민의 신뢰 저하와 사회 총체적인 기강의 해이, 국가경쟁력의 약화 등 국가발전상에 걸림돌이 되고 있다. 따라서 선진국 진입을 위한 국가 경쟁력의 확보를 위해서는 무엇보다도 공공부문의 투명성 확보로 주민신뢰와 공직 윤리규범의 확립이 요구되는 시점이다.

본 연구의 목적을 달성하기 위하여 연구의 범위는 현행 지방정치를 중심으로 벌어지는 부패문제에 국한시키고자 한다. 지방정치과정의 각 영역에서 은밀하게 또는 공공연하게 벌어지는 부패의 실체에 접근하고, 지방자치단체의 건전한 공직풍토를 조성하여 신뢰받는 지방정치와 부명한 지방행정을 위한 기반을 확립하는데 초점을 둔다.

김성호 2003

27p
물론 지방자치단체의 부정부패 문제는 어느 시대 어느 국가를 막론하고 정도의 차이는 있지만 항상 존재해 왔으며, 우리나라도 부정부패척결이 건국이래 지속적인 문제로 제기되어 왔다.[1] 그러나 날로 대형화되고 구조적으로 관례화되고 있는 부정부패 문제는 만연된 부패의 사회현상이 됨으로써 정부에 대한 국민의 신뢰 저하와 사회 총체적인 기강의 해이, 국가경쟁력의 약화 등 국가발전상에 걸림돌이 되고 있다. 따라서 선진국 진입을 위한 국가 경쟁력을 회복하기 위해서는 무엇보다 공공부문의 투명성 확보로 주민신뢰와 공직 윤리규범의 확립이 요구되는 시점이다.

본 연구는 현행 지방자치단체 부패방지체계를 진단하고 지방자치단체의 건전한 공직풍토를 조성하여 신뢰받는 지방정치와 투명한 지방행정을 위한 기반을 확립하는데 초점을 둔다. 따라서 본 연구의 내용은 지방자치단체 부패실태를 파악하는 한편, 현행 부패방지 관련 법제상의 문제점에 대한 개선대안을 제안함으로써 지방자치단체의 경쟁력과 주민의 신뢰를 제고하는데 목적을 둔다.

---

1 역대정부의 반부패활동에 대해서는 한국행정연구원(1999),「한국의 부패실태 및 요인분석」국무조정실연구용역보고서, pp65-84. 참고.

이재명 2005

제 5 장 결 론

부정·부패는 국가의 기원과 그 연원을 함께 해왔으며, 거의 모든 시대와 문명에 걸쳐 다양한 형태로 존재해 왔다. 부정부패는 어느 국가에서나 존재하고 있는 것이지만, 우리나라의 경우 부패의 범위 및 발생횟수, 부패와 관련된 금액이 일반인의 상상을 초월하는 경우가 많다.

많은 전문가들은 우리나라의 부패를 '제도화된 부패(institutionalized corruption)'라고 규정짓고 있다. 다시 말해, 부패행위가 장기간에 걸쳐 이루어진 가운데 비공식적으로 선례화 또는 관습화된 것으로써 부패행위의 방법이나 과정, 범위, 수준 등이 상당히 일반화되어 있어서 행위가 어느 정도 일정한 유형을 나타내는 것을 말한다. 그것은 부패문제가 지니고 있는 구조적 속성과 더불어, 부패문제가 정치·사회적 경향을 반영하기 때문이다.

윤광재 2004

V. 요약 및 결론

부패는 국가의 기원과 그 연원을 함께 해왔으며 거의 모든 시대와 문명에 걸쳐 다양한 형태로 존재해 왔다. 부정부패는 어느 국가에서나 존재할 수 있는 것이지만 우리나라의 경우, 부패의 범위 및 발생횟수, 부패와 관련된 금액이 일반인의 상상을 초월하는 경우가 많다. 한 예로 부패관련 공직자의 뇌물금액이 상당한 수준의 금액인 경우를 자주 접하게 된다.

많은 전문가들은 우리나라의 부패를 '제도화된 부패(institutionalized corruption)'라고 규정짓고 있다. 다시 말해, 부패행위가 장기간에 걸쳐 이루어진 가운데 비공식적으로 선례화 또는 관습화된 것으로써 부패행위의 방법이나 과정범위수준 등이 상당히 일반화되어 있어서 행위가 어느 정도 일정한 유형을 나타내는 것을 말한다.

이렇게 표절을 해놓고 이재명은 인용부호 몇 개를 안 했다는 전형적인 표절자의 변명을 늘어놓으면서 자기가 "이름도 없는" 학교의 학위가 굳이 필요했겠느냐고 말했다. 자신이 시장으로 있는 도시의 가장 큰 대학인 가천대가 이름도 없는 대학?

가천대는 성남에서 가장 큰 종합대학이다. 지역사회에서 차지하고 있는 위치가 결코 작지 않다. 성남의 지역유지들도 많이 관계돼 학연 등을 맺기도 좋다. 성남을 근거로 정치를 하는 사람이라면 무척이나 매력적인 곳이 가천대요, 있으면 좋은 게 거기 학위이다. 그래서 이재명은 표절로 학위를 샀던 것이다. (표절조차 자신이 한 게 아니라 아예 맡긴 혐의도 짙다.)

가천대는 윤리위원회를 열어 이재명의 논문은 80% 이상이 표절임을 확인해 행정학 석사학위를 취소하기로 결정했고, 논문 검증 후 이재명에게 논문 표절 부분에 대한 소명기회를 줬으나, 본인은 소명 없이 '석사학위를 반납한다'는 내용증명을 보내왔다고 한다. 이는 스스로 표절을 인정했던 것이나 다름없었다.

이렇게 표절이 밝혀지자 가천대는 학위를 취소했으나 이미 논문이 나온 후 5년이 지난 뒤여서 학위를 취소할 수 없는 상태로 끝내 남았다. 이걸 이재명은 (학교 측에는 사실상 표절을 인정해 놓고) 논문에 문제가 없어서 그렇게 된 것처럼 대외적으로 언플하기도 했다.

이재명은 부정부패 극복방안을 연구하기 위해 공부하며 논문을 썼다고 했는데, 그 어디에도 복사의 향기(?)만 느껴질 뿐 공부의 흔적은 보이지 않는다. 그리고 부정부패 극복은 이재명 입장에선 굳이 공부까지 필요한 주제는 아니다. 그저 자신의 행태를 돌아보고 반복하지 않으면 된다.

성남시장시절 문제

1. 가짜 모라토리엄

이재명의 성남시장 시절 공적인 행적들도 문제가 한둘이 아니다. '성질은 더러워도 일은 잘한다'라는 식으로 언플을 하고 '찢빠'라고 하는 이재명 지지자들도 그렇게 많이 생각하지만 사실 이재명은 일도 못한다. 잘하는 건 언플과 그걸 통한 혹세무민뿐이다.

모라토리엄 선언만 해도 그렇다, 이건 그냥, 성남시 재정이 망했는데 자신이 이걸 극복했다는 언플을 위한 퍼포먼스일 뿐이었다.

2010년 7월 당시 국토해양부에서 판교사업 관련비 5천2백억 원 정산을 요구했는데 이걸 갚을 수가 없어 모라토리엄을 선언했다고 이재명은 말했다. 그러나 매년 2천억 원 정도의 재정 이익이 생기는, 그리고 경기도에서 재정자립도도 1위인 성남시에서 5천2백억 상환문제로 인해 모라토리엄까지 선언할 이유는 없었다.

게다가 국토해양부에서 그 일시상환을 요구한 적도 없다고 한다.

국토부에서 즉각 정산을 요구했다는 것부터가 거짓이었다. 어쨌거나 갚아야 할 돈이긴 해서 원래 성남시에선 2010년 1400억 원, 2011년 2000억 원, 2012년 2000억 원 등으로 전용한 돈을 순차적으로 상환할 계획을 세웠다고 한다. 그런데 억지 모라토리엄을 위해 마치 일시에 갚아야 하는 것처럼 호도한 것이다. 더욱이 빚도 못 갚는다면서 1조 원을 들여 택지개발 사업을 벌이겠다고 한 것도 앞뒤가 안 맞는 행동이었다.

(모라토리엄 진실 여부에 대한 언론사의 취재요청을 성남시는 단 한 번도 받아들이지 않았다. '내가 모라토리엄이라고 하면 그런 줄 알라'라는 식의 행태가 아닐 수 없다.)

이재명은 모라토리엄(?) 해결을 위해 회계상 자산 매각과 지방채 발행을 하는 방법을 택했고 그 결과 매년 47억 원의 이자 부담까지 성남시가 떠안게 만들었다. 빚내서 빚 갚을 뿐 순수하게 예산을 절감해서 빚을 갚는 일은 없었다. 더 한심한 건 이재명이 시장할 때 성남시 빚이 오히려 늘어났다는 것이다. 2014년 성남의 채무는 2010년 90억에서 1,193억원으로 13배 증가했고 부채는 825억에서 2,100억 원으로 2.5배 증가했다.

자신이 수장으로 있는 곳의 부채를 늘리는 건 이재명의 특기이다. 이재명이 거쳐가는 곳간은 '사막화'가 진행돼 '돈 한 포기' 남아나지 않는 상태가 된다. 지금 경기도가 그렇고, 혹시라도 나중에 더 큰 권력을 쥐면 나라 경제도 그렇게 만들 자가 이재명이다. 실제로 이재명은 국가부채비율이 훨씬 더 많아져야 한다고 주장하고 있다. 그걸 갚아야 하는 게 결국 시민, 도민, 국민인 건 관심 밖이다. 권력 '먹'고 '튀'면 그만이다.

2. 철거민의 폭행논란

2011년 11월, '철거민들에 의한 시장 집단폭행'으로 기사화된 사건이 있었다. 이전 이대엽 시장시절 판교 재개발사업으로 철거민이 된 사람들이 이재명을 찾아가 무리하게 만나려는 과정에서 빚어진 일이었다.

이재명은 시장이 되기 전 수임료 2천3백만 원을 받고 그 철거민들의 변호를 맡았었다. 그런데 철거민들 주장에 따르면 이재명은 수임료만 받고 제대로 변호활동을 하지도 않았고, 그래서 보상문제 재판에서 패소했다고 한다. (물론 열심히 변호했어도 패소했을 수는 있지만 변호사로서 제대로 직무를 수행하지 않은 건 분명해 보인다.)

그랬던 이재명이 시장이 되었으니 철거민들은 과거의 일도 따질 겸 이재명을 찾아갔는데 이 과정에서 몸싸움이 벌어졌다. 철거민 한 사람이 이재명의 멱살을 잡으려 하자 이재명은 같이 싸우듯 크게 팔을 휘둘렀고 이 장면은 유튜브에 그대로 올라왔다. 이재명은 철거민들을 폭행혐의로 고발했고, 자신은 팔에 깁스를 한 사진까지 올리며, '단체장에 대한 폭력은 민주주의 파괴'라며 한껏 피해자 행세를 했다.

그러나 영상에서 확인되듯 폭행은 없었다. 고발된 철거민들은 한 명을 제외하고 모두 무혐의였으며 (이것은 유튜브에 올라온 영상 덕이었다.) 그 한 명도 폭행죄가 아니라 '공용물건 손상, 집시법 위반'이었고 구속영장은 기각되었다. (과거 이재명에게 변호를 의뢰했던 당사자라고 한다.)

철거민들이 잘한 건 없다. 그러나 이재명의 행태는 더 문제가 많다. 자신이 과거에 수임료까지 받으며 변호했던 사람들이 자신을 찾아왔으면 따로 자리를 마련해 얘기를 들어주고 대화라도 하는 게 제대로 된 정치인의 도리이다. 그러나 이재명에겐 그런 기본적인 상식도 마음속에선 '철거'되어 있었다. 오히려 같이 드잡이질(?) 하면서 있지도 않았던 '폭행'만 강조해 자신의 정치적 이익이나 도모했을 뿐이다.

(나중에 성남시의회 이덕수 의원이 해당 동영상을 시의회에서 틀며 이재명을 비판하자 이재명은 이 의원을 고소했으나 얼마 후 고소를 취하하기도 했다. 자신이 당당한 것처럼 고소, 고발하다가 나중에 슬그머니 취하하는 건 이재명의 특징이기도 하다.)

3. 국정원 관련

철거민 관련 논란에서 보듯 이재명의 특기 하나가 '이재명 죽이기' 운운하는 (이 책도 그렇게 몰아갈지 모르겠다) 이른바 '피해자 코스프레'다. 권력으로부터 자신이 마치 엄청난 핍박이라도 받는 것처럼 굴 때가 많다. 국정원을 끌어들인 것도 그중 하나다.

이재명은 국정원이 자신을 대상으로 불법적인 뒷조사를 했다며 소송을 건 적이 있다. 그러나 성남시에 대한 국정원의 활동은 통상적인 직무범위 안에 있는 것이었으며 위법적인 방법도 없었다. 그런 법원의 판단으로 결국 이재명은 패소했다.

이재명은 이후에도 이런 비슷한 행태를 한 적이 있다. 영화 〈1986년〉을 언급하면서 자신도 80년대에 내곡동 안기부에 불법체포된 친구를 위해 '접견투쟁' 하다가 독침과 권총으로 위협받기도 했다는 트윗을 올리기도 했다. (아, 독침이라니...이건 상상력의 과잉인가, 결핍인가?) 그런데 안기부가 남산에서 내곡동으로 옮긴 건 1995년이었다.

4. 야외 스케이트장 논란

2017년 1월 이재명은 새누리당 시의원들이 예산을 삭감해 성남시청앞 야외 스케이트장이 폐쇄되게 되었다고 트위터에 올린다. 예산을 삭감했다는 시의원들 실명까지 적힌 폐쇄안내 표지판까지 첨부하면서. 그러나 이재명의 이 주장 역시 진실이 아니다.

성남시청앞 스케이트장은 주차공간에 만들어졌기 때문에 시청 주차 문제가 줄곧 제기돼 왔고, 그래서 인근 유휴지에 새로운 스케이트장을 만들기로 이미 여야 합의가 된 사안이었다. 시청앞 스케이트장 설치 용역비 예산 4억은 삭감된 게 맞지만 새로운 스케이트장 건립을 위해 이미 추경까지 편성돼 있었다. 새누리당 시의원들은 스케이트장 확장 이전을 주장하고 관철시킨 셈이었는데 이재명은 엉뚱하게도 시청앞 스케이트장 설치 용역비 삭감만 부각시킨 것이다.

새로운 스케이트장 설립을 시장인 이재명이 몰랐을 리 없다. 그럼에도 자신의 정치질을 위해, 일부의 사실만 드러내면서 결국 전체의 진실을 은폐하고 왜곡하는 저열한 행태를 보였던 것이다.

5. 공약이행률의 진실

이재명이 성남시장 시절 가장 많은 홍보를 한 것이 공약이행률 94%로서 전국 지자체 중 1위라는 것이었다. 이건 메니페스토 본부라는 곳의 평가였는데, 법률소비자연맹의 평가는 사뭇 다르다. 거기에선 63.81%로 전국 146위였다. 메니페스토 본부의 평가는 지자체가 제출한 자료에 근거한 것이었고, 법률소비자연맹의 평가는 모든 자료를 종합적으로 평가한 것에서 온 차이였다. 말하자면 이재명의 성남시가 제출한 자료는 객관성이 떨어지는 자화자찬식 자료였다고 할 수 있다.

6. 네이버-성남FC-시민단체 '희망살림' 유착의혹

저소득층 부채탕감을 목적으로 한다는 시민단체 '희망살림'이 있었다.(주빌리 은행 운영) 그런데 네이버에서 이 희망살림에 2015년과 2016년 2년에 걸쳐 도합 40억을 후원하고, 희망살림에선 이중 39억을 성남FC에 광고료로 지불하면서 축구단 유니폼에 희망살림의 '롤링주빌리' 로고를 노출시키기로 한다. 사실상 네이버가 성남FC에 39억을 후원하고 희망살림엔 1억 원을 지급한 셈이다. 그런데 굳이 중간에 희망살림이 들어가야 할 이유는 무엇인가?

이재명과 성남시는 네이버가 절세차원에서 희망살림에 돈을 지급한 것이라고 주장하고 있으나 희망살림은 그 돈을 기부금으로 받지 않고 법인회비로 받았기 때문에 네이버는 세액공제 혜택을 받을 수도 없었다. 롤링주빌리 광고가 필요했다면 네이버가 직접 성남FC에 39억을 후원하고 1억은 희망살림에 주면서 그렇게 약정할 수도 있는 일이었다. (물론 이것도 뜬금 없기는 마찬가지다. 대체 네이버가 왜 주빌리 광고를 한단 말인가.)

그런데 네이버의 돈이 희망살림을 거쳐 성남FC에 전달되면서 결국 희망살림은 40억의 매출과 1억 원의 운영비를 거둘 수 있게 되었다. 이것은 시민단체가 시청이라는 공기관을 통해 받은 특혜가 아닐 수 없다. 그런데 정작 자기들이 내걸었던 저소득층 부채 해결을 위해서는 거의 돈을 쓰지 않았다.

참고로, 희망살림 상임이사는 제윤경으로 이후 19대 대선부터 이재명 캠프에 참여하면서 대표적인 '이재명계' 정치인 중 하나가 된 사람이다.

성남FC를 후원했던 기업으로는 네이버 외에도 두산, 농협, 차병원 등이 있었다. 이들 기업들은 모두 성남시로부터 건축 인허가나 토지용도 변경 등의 혜택을 받았다. (네이버가 40억씩 쓴 게 뜬금 없는 게 아니었다는 것) 이건 그저 까마귀 날자 우연히 배가 떨어진 것에 불과했던 것일까? 성남시로부터 어떤 식으로든 혜택을 받은 업체들이 한결같이 성남FC에 거액을 후원한 건 그냥 우연의 일치인가?[4]

----

4 구체적으로 보면, 분당경찰서 등 용도변경이 필요한 분당차병원에서 33억, 제2사옥을 신축 준비중이던 네이버에서 40억, 성남시 금고로 지정된 농협에서 36억, 병원용지를 업무용지로 변경한 두산건설에서 42억, 신축중이었던 판교 알파돔시티에서 5억 5천, 그리고 당시 신축중이던 판교백화점에서 5억 등 총 161억5천만원을 업체들이 성남FC에 후원했다. 이를 두고 '이재명 구속연대'는 특가법상 뇌물죄로 2018년 이재명을 고발했으나 3년 동안이나 전혀 수사가 이루어지지 않았다. (성남일보, 2021. 3. 9)
 최근에 와서야 분당경찰서에서 이 문제를 수사하면서 이재명의 출석을 요구하고 있으나 이재명은 응하지 않고 있다.

7. 측근 비리

이재명 본인에게 문제가 많아서인지 이재명의 측근 중에도 문제를 일으킨 인사가 많다. 성남시에서 발주한 인조잔디구장 공사에 특정업체가 선정될 수 있도록 개입한 이재명 시장선거 캠프 회계담당자, 성남시 우수저류조 사업관련 알선수재 혐의로 구속기소된 캠프 관계자, 성남시 마을버스 증차 및 노선확대 관련한 뇌물수수혐의로 구속된 이재명의 전 수행비서 등 한두 사람이 아니다. 이재명은 본인이 마치 엄청나게 비리문제에 '칼 같은' 것처럼 꾸미지만 정작 자신들 측근들 문제는 대체로 모르쇠로 일관한다. 오히려, 구속된 전 수행비서의 동생을 비서직에 채용하고 그 동생의 부인은 시청 공보관실에 특채하는 등 자기사람은 살뜰히(?) 챙기는 모습을 보여주었다. 똥이 묻었든, 재가 묻었든.

(만일 국정원이 진짜로 이재명 뒤를 캐고 공개했으면 이재명의 정치인생은 이미 예전에 끝났을런지도 모른다.)

8. 공사 구별은 남 얘기

이거 외에도 이재명은 시장 업무추진비를 현금으로 인출해 기자들 회식비로 뿌리고, 이재명의 아내 김혜경은 민간인 신분이면서 시청에서 제공하는 관용차를 타고 다니는 등 공과 사를 제대로 구별 못한 행적들도 많다. 그런 시장을 닮아 성남시 청렴도도 2012년 32위, 2013년 47위, 2014년 52위로 하락하며 전국 바닥권이었다.

9. 운동권 경기동부연합과의 결탁

경기동부연합은 민주주의민족통일전국연합의 지역조직으로 (지역조직이긴 하나 중앙조직과는 별 연관이 없이 독자적으로 움직인다) 과거 통합진보당 부정경선사건 때 당권파였다. 이정희, 이석기가 핵심 인물이다. 이 경기동부연합은 명칭에서 보이듯 주로 성남지역을 토대로 하고 있다.

이재명은 2010년 성남시장 선거에 나올 때 통진당 전신 민주노동당의 김미희 후보의 사퇴로 야권단일후보가 돼 시장선거에서 이길 수 있었다. 이 무렵부터 이재명과 경기동부의 결탁이 이루어진다. 일단 이재명의 시장선거 공약서와 명함 등이 이석기가 대표로 있는 CNP라는 업체에서 제작된다. 김미희는 이후에 시장 인수위원장이 되었고, 그외에도 다수의 민주노동당 인사들이 인수위에 참가했다. 후보 양보를 받았다고 해도 엄연히 당이 다른 사람들을 인수위원장 및 인수위원에 포함시켰다는 건 그 배경을 의심할 수밖에 없게 만든다.

아니나 다를까, 이후에 성남시에서 민간 위탁 청소용역업체를 공모했고 여기에 최종 적격업체로 선정된 기업이 '나눔환경'이었는데 그 회사의 대표가 한용진 전 경기동부 의장이었으며 다른 경기동부 관련자들도 그 회사에 포진하고 있었다. 나눔환경이 설립된 건 2010년 12월 21일이었는데 성남시에서 공모를 시작한 건 같은 달 30일이었다. 공모를 미리 알고 회사를 부랴부랴 세웠다는 의혹이 드는 지점이다.

이런 경기동부와의 결탁 이래로 통진당 부류 운동권에선 이재명을

'자기네 사람'으로 보고 있다. 이재명을 위해 민주당을 장악하겠다는 일명 '오렌지', '뻐꾸기'(통진당 후신인 민중당의 로고 색이 주황색이라 오렌지, 다른 새 둥지에 알을 낳는 게 뻐꾸기라 비유됨)들도 이들이다. 기실 민주당엔 이런 '오렌지 뻐꾸기'들이 많이 침투해 있는 걸로 보인다. 민주당 지지자들이 우려하는 것도 이들에 의한 민주당의 변질이다.

(운동권쪽에서 노무현–문재인 대통령 비난을 많이 해왔지만, 민주당도 비난하지만, 이재명을 공격한 적은 없다. 오히려 여러 경로를 통해 띄워주기 바쁘다.)

'단군 이래 최대 비리'
대장동 게이트

단위부터 다르다. 이번에는 천억을 넘어 아예 '조' 단위다. 성남시에서 벌인 '대장동 도시개발사업'으로 파생한 총이득의 규모다. 결론부터 얘기하면 대장동 비리는 이재명이 민관공동개발을 빙자해 민간개발을 하게 하고 그 과정에서 특정인과 특정업체에 수천억 개발이익을 몰아준 민간특혜 및 토건부패 사건이다. 그리고 그 수천억이 과연 이재명과 전혀 관련이 없는 것인가 하는 합리적 의심마저 들게 하는 사건이기도 하다. 그런데 검찰은 제대로 수사조차 안 하고 있다.

2014년 이재명이 시장으로 있던 시절에 성남시는 대장동 91만여㎡ 부지에 총 1조1500억여 원을 투입해 5900여 가구 개발사업을 시작했다. 이 사업을 통해 화천대유를 비롯한 민간투자자들은 모두 3억5천만 원을 투입해 천배가 넘는 4천억의 개발이익을 벌어들였다. 성남시는 약 5500억 원을 환수했다고 주장하지만 이것은 사업자가 해당 지자체에 지급하게 돼있는 공공기여금(또는 기부채납)으로, 공원, 주차장, 터널 등 택지를 개발하면 해당 단체에서 조성할 수밖에 없는 공공시설 비용이다(오히려 소방서 부지까지 화천대유에 팔아 성남시가 다시 돈 주고 사야했다. 게다가 이 액수는 서울시의 강남 한전부지 개발 공공기여금의 1/3밖에 안 되는 금액이기도 하다). 그 비용을 빼고 성남시가 환수한 금액은 천8백억 정도로 대장동 이익의 1/10 수준인데 그나마 그마저도 서민아파트 부지를 팔아서 만든 금액이었다.

일단 '성남의뜰'이라는 컨소시엄이 대장동 사업주체로 선정된 것부터가 석연치 않다. 2015년 성남도시개발공사는 사업자 선정 공고 하루만에, 화천대유가 자산관리를 맡고 있는, 그리고 천화동인 1~7호가 투자를 하고 있는 '성남의뜰'을 대장동 우선협상대상자로 선정했다.[5]

그 선정과정도 졸속이었던 데다가, 평가를 맡은 성남도시개발공사의 모 처장은 성남의뜰 컨소시엄 구성 후 사외이사로 이미 선임되기도 하는 등 사전에 결과를 짜맞춘 선정이었다는 혐의까지 짙다. 성남의뜰은 사업계획서도 허위로 제출했다. 하나은행 등에서 무이자로 빌리겠다며 사업계획서를 제출했으나 성남의뜰이 하나은행 등에서 대출받은 총사업비 가운데 무이자로 빌린 돈은 한 푼도 없었고 오히려 이자율이 4.7%였다(성남의뜰 컨소시엄에 참여한 은행들의 이자율 관련해 조사를 받았던 사람이 성남도시개발공사 개발1처장이었던 고 김문기).

----

5 화천대유는 사업자 선정 일주일 전에 설립된 회사로, 선정된 이후에는 3년 만에 매출이 400배 오를 정도로 급성장했다. 또한 천화동인은 화천대유의 대주주인 김만배가 100% 지분을 소유한 관계사이며, 이들은 1~7호로 나뉘어져서 SK증권을 통한 특정금전신탁 방식으로 투자에 참여해 최근 3년간 3463억 원의 배당금을 받았다고 한다.

또한 화천대유의 고문진은 화려(?)하다. 이재명의 친형 강제입원 관련 선거법 위반에 대한 대법원 전원합의체 판결에서 무죄 취지 의견을 낸 권순일 전 대법관, 이재명 변호를 맡았던 강찬우 전 수원지검장이 화천대유의 법률고문을 지냈다. 김수남 전 검찰총장, 박영수 전 특검도 고문이었다. 박 특검은 화천대유 관계사 천화동인 4호의 소유주이자 대장동 개발 당사자인 남욱이 로비혐의로 재판을 받을 때 변호를 맡았고, 강 전 검사장은 남욱 구속 기소 당시 소관 지검장이었다.

이런 걸 보면 검찰과 사법부도 이미 화천대유와 깊게 얽혀있다고 볼 수밖에 없다. 불법비리투성이에다 대장동 비리 몸통인 이재명이 수사조차 제대로 안 받고 있는 이 상식 밖의 현실이 그걸 더욱 분명하게 말해준다(다른 사람들 같았으면 이재명의 숱한 비리 가운데 하나만 있어도 민주당 후보(?)가 되지도 버티지도 못했을 것이다).

화천대유의 고작 대리였던 곽상도의 아들은 퇴직금으로 50억을 받았다. 사법적폐는 물론 이전 정권 실세들과도 끈끈하게 얽혀있는바, 진영을 떠나 모두 '화천대유로 대동세상'인 것이다.

대장동 비리의 또 다른 의혹은, 대장동 아파트 분양을 독점한 업체가 '2014년 성남시장 선거를 전후해 43억 원을 남욱 그리고 김만배 측에 건넸다'는 것이다. 이에 대해 검찰은 '선거 이전에 전한 돈은 이재명 당시 성남시장의 재선 선거운동 비용으로, 이후 전달된 돈은 대장동 인허가 로비 비용으로 쓰인 것으로 안다'는 사건 관계자 진술도 받았다고 전해지고 있다. 이 돈 가운데 2억은 사망한 유한기에게 흘러갔다고 하는데 물론 그가 단독으로 받은 건 아닐 것이다. 이 돈을 포함해 43억

전체가 어디로 전달됐는지, 그리고 그 용도는 무엇이었는지도 분명히 밝혀져야 한다. 이미 단편적인 증언이나 진술 등은 많이 나온 상태다. 화천대유 소유주 김만배가 화천대유 이익금의 절반은 '그분' 소유라고 했던 것도 제대로 수사해야 할 부분이다.

직접적으로 이권은 안 챙겼다고 하더라도(그러나 선거법 관련 변호사비 대납을 그 이득으로 했다고 보는 주장도 있다. 이럴 경우 이재명 본인 스스로 직접 돈 받은 건 없다. 그러나 분명 뇌물을 준 게 된다) 이재명의 배임 혐의는 피할 수가 없다. 대장동 인허가 및 실제 개발과정에서 이재명은 모든 결재서류에 서명을 한 최종 결재권자다.

민관합작개발이라지만, 택지 강제수용과 인허가, 대출 등 가장 중요한 일은 관이 한다. 따라서 관이 개발이익 거의 전부를 가져와서 대장동 원주민들에게 제대로 보상 등을 해줘야 한다(화천대유는 성남의뜰에서 받은 택지에 아파트를 지어 분양만 해도 엄청난 이득을 볼 수 있다). 이재명은 투자 위험부담 때문에 화천대유에 많은 이익이 돌아간 것처럼 얘기하지만 그 당시 부동산 경기는 호황이라 아무런 위험성이 없었다는 여러 증거와 증언들이 존재한다. 그리고 부동상 가격 폭등으로 화천대유가 (자신의 생각과 다르게) 이득을 본 것처럼 말하기도 하는데 폭등은 2018년 후반기부터고 대장동 택지 분양은 2017년에 완료되었기에 이 또한 변명에 불과하다. 애초에 화천대유에 엄청난 이익이 돌아가게 설계한 배임죄가 충분히 성립되는 것이다.

특히나 이재명은 초과이익 환수조항까지 삭제해 가며 화천대유에 이익을 몰아주었다. 그 관련 협약서를 고치는 것은 유동규가 나서서 했고, 이재명은 사망한 유한기 성남도시개발공사 개발사업본부장을 통해, 환수조항 삭제에 반대하던 개발공사 황무성 사장 사퇴를 압박하기도 했다. 이 압박이 '시장님 지시'라는 유한기의 음성파일도 존재한다. 그럼에도 검찰은 제대로 수사하지 않는다. 정말 '검찰 공화국'은 누가 만들고 있는 것인지 궁금해지는 대목이다.

이 대장동 비리는 대장동에 국한되지 않는다. 백현동, 위례신도시도 마찬가지다. 모두 이재명의 손길(?)이 닿아 대장동과 거의 유사한 부동산 비리 형태로 나타나고 있다.

이미 대장동 비리 건으로 두 명의 소중한 목숨이 사라졌다. 진작 몸통을 제대로 수사했으면 생기지 않았을 안타까운 죽음들이다. 이재명은 본인 스스로가 대장동 개발이 자신의 시장시절 최대 업적이라고 했던 적이 있다. 그러다 게이트가 터지자 자신은 마치 몰랐고 아무 관련도 없는 일처럼 주장한다. '몰랐으면 무능, 알았으면 배임', 어느 경우든 선출직 공직자로서는 함량미달이다.

'대장동 부동산투기 특혜 의혹'과 특검수사 필요성

바른사회시민회의 공동대표 박인환(변호사/전 건국대 교수)

1. 대장동 부동산투기 특혜 의혹 사건의 이해(특징)

○ 최근 3년간 SPC '성남의뜰(주)'[자본금 50억] 컨소시엄이 시행한 대장동 부동산 개발의 투기적 수익 5900억 원의 배당과 관련

  – '성남의뜰'의 과반 지분(50%+1주, 우선주 25억 1000원(1000만 원 아닌지 확인 필요))을 출자한 성남도시개발공사가 배당수익 1830억 원을 가진 데 반하여, 훨씬 적은 지분(7% 보통주 3.5억 원)을 출자한 화천대유(1%), 천화동인1−7호(6%) 등 민간 업자가 4040억 원을 배당받게 됨

  * 화천대유(자산관리회사, 김만배)

    천화동인1−7호(SK증권 특정금전신탁으로 참가, 남욱 등)

  * 나머지 지분 43%(우선주 21.5억 원)를 출자한 하나, 국민 등 5개 금융기관은 배당수익 33억 원[건설사는 처음부터 성남의 뜰 컨소시엄 참가 배제]

* 화천대유 등 보통주(7%)의 배당 수익률 약 1,200배 논란 (120,000%의 막대한 수익률) : 자기자본 수익률(ROE)

– 5000만 원(1%) 출자 자산관리회사 화천대유(김만배) 577억 원 거액 배당

– 8700만 원 출자 천화동인4호(남욱) 1007억 원 거액 배당

* 성남도시개발공사는 [비참가적 우선주]

– 참가적 우선주 : 소정의 우선적 비율의 우선배당을 받고도 이익이 남는 경우 우선주주가 다시 보통주주와 함께 배당에 참가할 수 있는 우선주

– 비참가적 우선주 : 소정비율의 우선배당을 받는 데 그치는 우선주(이익이 많은 경우 보통주보다 불리하므로 실제로 거의 발행하지 않음)

○ 토지분양(택지개발 매각이익)에서만 4040억 원에 아파트분양 수익 4500억 원을 포함하면 총 8500억 이상 단군 이래 최대 '민관합작' 부동산투기 사건

○ 1조5000억 원 규모의 부동산개발 사업에 합계 겨우 5000만 원으로 (주)화천대유라는 자산관리회사를 설립한 김만배 및 그와 밀접한 관련이 있는 투기꾼들이 페이퍼 컴퍼니(유령회사)에 불과한 (주)천화동인 등 7개 법인 계열사를 만들고, SK증권이라는 금융회사를 내세워서 신분을 2중으로 위장

o 특히 김만배는 자본금 50억 원의 시행사 '(주)성남의뜰'에서 1%에 불과한 5000만 원의 돈을 투자한 화천대유의 1인 주주로서 화천대유 법인 이름으로만 577억 원의 거금 배당

[천화동인 1호, 2호, 3호 등 유령회사 친인척 등 김만배 가족 명의 분산]

o 이 지사 측의 'high risk, high return' 논란

– 이 지사 측은 '성남시가 5503억 원의 개발 이익을 먼저 확보'하고 민간은 그 다음에 남는 것을 가지게 설계된 구조(하이 리스크, 하이 리턴 주장)

* 배당수익 1830억 원 외 공원 및 터널 건설비용 등을 포함하면 '5503억 원의 개발 이익을 환수한 단군 이래 최대 규모 공익 환수 사업'이라는 '동문서답' 형식의 과장되고 모순된 주장

– 성남시에서 100% 출자한 공기업인 성남도시개발공사가 바로 대장동 토지를 수용한 주체로서 시행사인 '성남의뜰' 전체 지분의 '50%+1주'를 가지고 있는데, 공기업이 '50%+1주'를 가지고 있는 것은 '민관합작' 개발에서 토지 강제수용의 가능성

– '부동산 불로소득의 전액 환수 등 사실상 토지 공개념'을 주장했던 이 지사 측으로서는 공공이 강제수용으로 터무니없이 낮은 가격에 마련한 토지를 과도하게 높은 가격으로 민간에 넘겨 막대한 차익을 남김 '땅 짚고 헤엄치기'

– 결국 공영개발(공공개발)의 탈을 쓰고 민영개발(민간개발)을 통해 '분양가상한제'를 회피하고, 민간 투기꾼들과 성남시 공공이

합작한 민관합작 부동산 투기사업 그 자체라는 비판

– no risk, high return, super return or hyper return

2. 현재 진행 중인 수사의 문제점

○ 대장동 개발사업의 설계자와 수익자의 관계

– 민간 부동산투기 업체가 1조 원 가까이 로또 폭탄을 맞을 수 있도록 대장동 개발사업의 설계를 한 설계자가 이재명 지사라고 스스로 밝힘

○ 2015년 5월 사업협약 검토 당시 성남도시개발공사 내부에서 민간의 초과이익을 환수하도록 하는 '캡' 조항을 넣어야 한다는 의견서가 작성되었으나 최종 협약에서 누락(막대한 이익이 예상되는 사업에서 이익 배분을 소수 지분 민간에 몰아주고 공공은 이를 포기하는 협약서를 작성한 경위 등 조사)

○ 지난해 21대 총선을 전후로 해서 김만배가 자신의 1인 주주 회사인 화천대유에서 473억 원의 거액 현금 인출(대여금 형식)에 대한 철저한 수사

* 지난 4월 금융정보분석원(FIU)에서 화천대유와 김만배의 범죄혐의가 의심되는 거액의 현금인출 등 범죄혐의 거래에 대한 통보 후에도 경찰은 지금까지 6개월이나 지체 : 긴급한 자금 추적의 필요성

3. 검찰 수사 결과 및 기소 내용

– 유동규(전 성남도시개발공사 기획본부장)

– 김만배(자산관리회사 화천대유 대주주), 남욱 변호사(천화동인 4
  호 소유주)

– 불구속 정영학 회계사(천화동인 5호 소유주)

1) 유동규 전 공사 기획본부장 10. 21. 구속기소[대장동 사건 최초]
  : 특가법상 뇌물, 부정처사 후 수뢰 약속 혐의

○ 배임 빼고 뇌물로만 유동규 기소
  수사팀 검사들 '이러다 큰일, 차라리 특검하자'

  ＊ 회계사 자격이 있거나 자금 추적 능력을 인정받아 파견받은 검
  사들은 곽상도 의원과 유동규 씨를 겨누는 '뇌물 수사팀'에 주로
  투입하고, 여권이 민감하게 여기는 배임 수사, 계좌 추적은 송철
  호 울산시장의 사위인 김영준 부부장검사 등 기존 중앙지검 인력
  이 주도하게 해 내부적 '방어벽'

○ 화천대유 자산관리회사 김만배로부터 지난 1월 5억 원의 뇌물을
  받았다는 구속영장 혐의는 처음 공소장에서 제외되고, 2013년 위
  례자산관리 대주주 정모로부터 3억 원의 뇌물을 받은 것으로 구
  속영장에 적시됐던 혐의는 대장동 개발사업과 관련한 3억 5200
  만 원 뇌물수수 혐의로 바뀌어 적용
  대신 구속영장에 없었던 부정처사후수뢰(약속) 혐의를 새로 적용

2014~2015년 화천대유 측에 유리하게 편의를 봐주는 등 직무상 부정한 행위를 하고 지난해와 올해 사이 700억 원을 받기로 약속

[결국 천화동인1호 소유주로 보이는 그 분이 유동규?]

○ 결국 서울중앙지검 전담수사팀(팀장 김태훈 4차장검사)은 유동규 전 본부장을 '651억 원 α'에 대한 특가법상 배임, 뇌물 등 혐의로 추가 기소

[배임액 구속영장에는 '수천억'에서 한 달 사이 →'651억'으로 축소]

– 김만배, 남욱 변호사, 정민용 전 팀장과 공모해 화천대유 측에 유리하도록 공모지침서를 작성, 화천대유가 참여한 하나은행컨소시엄이 우선협상 대상자로 선정되도록 불공정하게 배점 조정, 화천대유 측에 최소 651억 원 상당의 택지개발 배당 이익과 분양 이익을 몰아주고 그만큼 공사에 손해 발생

– 유동규가 대장동 개발사업 과정에서 화천대유 측에 특혜를 몰아주고 그 대가로 2021년 1월 김만배로부터 수표 4억과 현금 1억 원 등 5억 원을 뇌물로 받은 혐의도 추가 기소

2) 화천대유 김만배, 천화동인4호 실소유주 남욱(11. 21. 함께 구속 기소)

혐의는 특가법상 배임과 뇌물, 횡령 등

○ 이미 재판에 넘겨진 유동규 전 기획본부장과 함께, 대장동 개발
  사업 과정에서 화천대유에 막대한 특혜를 몰아주고 성남도시개발
  공사에 최소 1,827억 원의 손해를 끼쳤다는 게 검찰의 판단

○ 동시에 김만배는 유동규 전 기획본부장에게 700억 주기로 약속
  (그분?)

○ 남욱은 공모지침서 작성 등을 주도한 정민용 변호사에게 35억 뇌
  물 혐의

  * 구속영장 청구 때보다 기소 당시에는 배임 액수 증가
  (택지개발에 따른 배당이익 최소 651억과 액수미상이던 시행이익
  1,176억 추가하여 합계 1,827억)
  * 최근 2021년 10월 분양 완료된 1개 블록의 시행이익이 아직 특
  정되지 않았음(공소장에는 '상당한 시행이익'으로 기재)

3) 정영학 회계사(천화동인5호) : [불구속 기소]

○ 수사단계에서 녹취록 제출

○ 정영학 회계사는 김만배와 남욱, 정민용 변호사와 공모, 성남도
  시개발공사를 설립해 민관합동개발방식으로 대장동 재개발을 추
  진하면서 배임 및 유동규에 대한 청탁 대가로 2013년 8월부터 총

3억 5200만 원 유동규에게 뇌물

* 12. 6. 첫 재판에서 배임 및 뇌물 공소사실 인정

4) 최근 12. 21. 마지막으로 정민용 변호사 [불구속 기소]
　- (법원의 구속영장 기각)
　- 전 성남도시개발공사 전략사업팀 투자사업파트장
　- 대장동 개발 사업 당시 성남도시개발공사 전략사업팀으로
　　사업설계 가담

○ 죄명 : 특정경제범죄 가중처벌 등에 관한 법률 위반(배임), 부정
　처사 후 수뢰죄, 범죄수익은닉의 규제 및 처벌 등에 관한 법률 위반

○ 정 변호사는 유동규 전 기획본부장 등과 공모해 화천대유자산관
　리(화천대유) 등 민간사업자에게 최소 1827억 원의 이익이 돌아
　가도록 사업을 설계하고 성남도개공에 그만큼 손해를 끼친 혐의

　* 민간사업자 선정 당시 심사위원으로서 편파 심사를 주도하고
　정영학 회계사 등이 제안한 민간사업자의 수익을 극대화할 조항
　을 공모지침서에 삽입하는 등 주도적인 배임행위

○정 변호사는 화천대유에 특혜를 준 대가로 지난해 9~12월 천화동
　인 4호 소유주 남욱 변호사로부터 뇌물 35억 원을 받은 혐의

○ 뇌물 아닌 유원홀딩스(정변호사 설립)에 정상적 투자, 대여로 가
  장한 혐의

  * 특히 검찰은 사업협약서에 초과이익 환수 조항을 추가해야 한
  다는 실무진의 의견을 묵살한 인물을 정 변호사로 파악(?)
  – 윗선 규명 없이 '꼬리 자르기'
  – 과연 그분은? 유동규(700억), 정민용(개발사업 주도, 35억),
    이재명(?)

  * 검찰은 정 변호사가 유동규 전 공사 기획본부장이 꾸린 '별동
  대' 전략사업팀에서 대장동 개발 사업 실무를 도맡으며 화천대유
  측 요구를 최대한 반영하는 방식으로, 공사가 대장동 A11 블록 임
  대주택 부지 등 확정이익 외 추가 이익을 얻을 수 없도록 해, 최
  소 1827억 원(배당이익 651억 원+시행이익 1176억 원)을 몰아주
  고 공사에는 그만큼 손해를 입혔다고 판단

  * 2014년 11월 천화동인 4호 소유주 남욱 변호사의 추천으로 공
  사 전략사업팀 투자사업파트장에 채용된 정 변호사는, 2015년
  1~2월 민간사업자 공모지침서 작성을 주도하면서 천화동인 5호
  소유주 정영학 회계사로부터 공사의 이익을 축소하는 대신 화천
  대유 측 이익을 극대화하기 위한 필수 조항 7개 등의 내용을 전달
  받아 공모지침서에 반영하고 이를 정 회계사에 직접 확인까지 받
  은 것으로 조사됨

* 정 변호사는 당시 '초과이익을 민간사업자가 독점하지 못하도록 추가 사업이익 배분 조건을 제시하는 사업신청자에 더 높은 점수를 줘야 한다'는 내부 의견을 묵살했고, 2015년 3월 우선협상대상자 선정 심사위원으로 참여해 화천대유가 자산관리사(AMC)로 참여한 '성남의뜰' 컨소시엄에 대해 16개 상대평가 항목 모두 'A'를 부여하는 등 편파적으로 심사한 혐의도 받고 2015년 5~6월 '성남의뜰' 컨소시엄과 사업협약·주주협약을 체결하는 과정에서는 직급상 상급자인 김문기 개발사업1팀장 등에게 개발사업1팀이 추가한 초과이익 환수 조항을 삭제하라고 지시하기도 함(?)

4. 추가 수사의 필요성

1) 의문의 자살자 : 유한기(전 개발사업본부장), 김문기(성남도개공 개발1처장)

○ 유한기 전 성남도개공 개발사업본부장
  - 2021년 12월 10일 '황무성 성남도개공 초대 사장 사퇴 압박 의혹' 등으로 영장실질심사를 앞두고 유한기 전 성남도개공 개발사업본부장이 투신 사망

  * 검찰 특정범죄가중처벌법상 뇌물혐의 사전구속영장 청구, 실질심사대기

＊ 유 전 본부장은 2014년 8월 김만배 등 대장동 개발 사업에 참여한 민간업자들로부터 한강유역환경청 로비 명목으로 2억 원의 뇌물 혐의

＊ 검찰은 박영수 전 특검의 인척인 분양업체 대표 이모 씨가 조달한 로비 자금을 대장동 4인방 중 1명인 정영학 회계사가 자살한 유 전 본부장에게 전달했다고 보고 있음

＊ 한강유역환경청은 대장동 사업 환경영향평가를 진행하면서 일부 지역을 보전 가치가 높은 1등급 권역으로 지정했다가 이후 해제한 것으로 전해짐

○ 김문기 성남도시개발공사 개발1처장
  － 2021년 12월 21일 대장동 개발사업 특혜 의혹의 핵심인 '초과이익 환수 조항 삭제'와 관련된 실무를 맡았던 김문기 성남도시개발공사 개발1처장 사망

＊ 2015년 대장동 개발 사업 진행 당시 개발사업1팀장을 맡았던 김 처장은 대장동 특혜 의혹의 핵심인 '민간사업자 선정 과정 점수 몰아주기'와 '초과이익 환수조항 삭제' 등의 사안에서 실무를 맡아 검찰과 경찰 조사를 받음

* 당초 성남도시개발공사에서는 사업2팀이 대장동 사업을 주도했지만, 유동규 전 성남도개공 기획본부장의 지시로 김 처장이 팀장으로 있던 사업1팀이 이후 실무를 담당한 것으로 전해짐

* 사업1팀은 최근 영장실질심사를 앞두고 극단적 선택을 했던 유한기 개발사업본부장 산하였고, 김 처장은 도개공 입사 전 2008년부터 유동규와 친분
* 김문기 처장은 지난 2018년부터 3년간 '성남의뜰' 사외이사를 맡음

2) 신속한 수사 대상 : 정진상, 이성문, 이재명

* 공소시효(직권남용 7년) 임박

○ 정진상 : 민주당 이재명 후보 선대위 비서실 부실장

 - 대장동 윗선 의혹과 관련해 이재명 더불어민주당 대선후보의 정진상 선대위 비서실 부실장은 유동규의 윗선으로 알려짐
 - 정 부실장은 이재명 후보의 최측근으로 대장동 개발 사업 당시 성남시 정책실장을 맡아 최소 9개 관련 공문에 서명
 - 숨진 유동기 전 본부장이 2015년 2월 '시장님의 명'이라며 황무성 공사 초대 사장의 사퇴를 압박할 당시 '정 실장'을 여러 차례 언급하는 등 황무성 사장의 사퇴 압박에 개입 의혹

○ 이성문 : 화천대유(주) 전 대표이사 [실소유주 김만배]

- 김문기 처장이 숨진 채 발견되기 6시간 전인 오후 2시쯤 이성문 전 화천대유 대표가 김 처장에게 만남을 요청
- 당시 이성문이 공사 1층 개발1처 사무실로 문을 열고 들어갔고, 김 처장이 손짓으로 나가라며 만남을 거부한 걸로 전해짐

○ 이재명

3) 기타 추가 수사의 필요성

○ 천화동인 1호 내지 7호와 같은 자금세탁, 차명거래 등 불법 금융 거래를 위한 '페이퍼 컴퍼니' 조사 필요성

○ 최근 이 지사의 측근으로 성남도시개발공사 기획본부장, 경기관광공사 사장 등을 지낸 유동규의 구속과 관련하여 검찰, 경찰의 소극적 초동 수사와 늑장 압수 수색 및 체포, 소환 수사의 문제점 : 증거인멸과 범인 도피의 우려

○ 개발사업 설계자와 거액의 부당이익 귀속자의 관계 등 추가 수사

- 이재명과 유동규, 이재명과 김만배, 유동규와 김만배의 관계 등 수사 확대의 필요성

– 권순일 전 대법관, 박영수 전 특검, 곽상도 의원 등 고위직 법
조인 출신 인사들에 대한 불법 거래 수사(50억 클럽 등)

○ 특히 이재명 지사의 공직선거법위반 사건의 대법원 무죄판결과
권순일 대법관의 역할 : 사법거래 내지 사법농단 가능성 수사

5. 향후 수사 관련의 여러 가지 선택지
○ 집권 여당 일각에서 주장하는 합동특별수사본부, 문재인 정부의
검찰수사, 공수처 수사와 야당에서 주장하는 특별검사 임명

○ 경찰청 내 국가수사본부 등 합수본의 수사역량 및 수사실적 미진
효율적이고 통합된 수사지휘권의 문제(검수완박)

* LH 신도시 부동산 투기 관련 '정부합동특별수사본부(합수본)'
은 지난 3월부터 경찰 수사 인력 외에도 전국 43개 검찰청에 부
동산 투기사범 전담수사팀을 편성해서 500명 이상 검사와 수사
관 투입, 8월까지 부동산 투기 사건 865건, 투기 사범 3903명을
내·수사하면서 고위공직자 5명 구속 발표(지방의원 3명, 지자체
장 1명, LH 임원 1명)

○ 공수처의 경우 수사 능력과 공정한 수사 의지 의심
– 정치권, 시민단체 등 민원인들의 고소, 고발 등 민원처리기관

으로 전락
- 전 서울중앙지검장 이성윤 '황제소환' 조사
- 야당인 '윤석열 대선후보 범죄수사처' [살아있는 권력?]
- 지속적인 영장기각과 수사사건의 기소 '0' 건으로 '아마추어 수
사' 자조
- 야당 의원들과 언론인들에 대한 사찰 시비[통신자료 조회]

○ 기존의 검찰이나 경찰청 국가수사본부(국수본) 수사
수사의 중립성, 정치적 독립성 우려

○ 특임검사의 활용
검찰 내부에서 검찰총장의 대장동 수사 특임검사 임명 : 검찰총
장의 수사지휘를 받지 않고 독자적인 수사 가능하나 정치검찰의
중립성 의심

○ 상설 특별검사법에 의한 특검 수사의 가능성 : 특검법(특별검사
의 임명 등에 관한 법률) 제2조

- 국회 본회의 의결(정치적 중립성과 공정성 등을 이유로 특별검
사의 수사가 필요하다고 판단한 사건)
_ 법무부장관의 결정(검찰총장의 의견을 들어 이해관계 충돌이나
공정성 등을 이유로 필요하다고 판단한 사건)

6. 특검수사의 필요성(특별검사법의 제정 및 특검의 임명 방식)

O 이 지사 측의 대응방식 '화천대유는 국힘당 게이트' 프레임 조사
활용

O 단순 명료한 선전선동
  – 단군 이래 최대의 공익환수 사업, 최초의 개발모델로서 다른
    지자체가 모방
  – 선도적으로 개발이익의 환수를 제대로 하기 위한 법 개정 제안

  ＊ 개발이익 환수 제도(개발이익환수에 관한 법률) : 개발부담금
  부과

개발이익은 개발사업의 시행 또는 토지이용계획의 변경 기타 사회
적·경제적 요인에 의하여 정상 지가상승분을 초과하여 개발사업을
시행하는 자(사업시행자) 또는 토지소유자에게 귀속되는 토지가액의
증가분임(개발이익환수에 관한 법률 제2조1호)
  이와 같은 개발이익에 대하여 국가는 개발부담금을 부과·징수하게 됨

개발부담금 부과 대상인 개발사업은 택지개발사업(주택단지조성사
업 포함), 산업단지개발사업, 관광단지조성사업(온천개발사업 포함),
도시개발사업, 지역개발사업 및 도시환경정비사업, 교통시설 및 물류
시설 용지조성사업, 체육시설 부지조성사업(골프장 건설사업 및 경륜
장·경정장 설치사업 포함), 지목 변경이 수반되는 사업으로서 대통령

령으로 정하는 사업, 그 밖에 대통령령으로 정하는 사업(제5조)

○ 이 지사 측의 모순된 행동
- 최근 경기도가 성남시와 성남도시개발공사에 '화천대유 등 민간사업자에 대한 이익금 배당을 중단하고, 부당이득 환수 조치를 강구하라'는 공문을 보낸 것으로 확인

○ 국정감사, 국정조사의 한계
- 성남도시개발공사 등 관련 기관에 대한 자료제공 요청 거부, 증인채택 및 출석에 대한 집권 여당의 완강한 거부(무성의, 부동의)

○ '대장동 부동산투기 특혜 의혹'이 터진 이후 한 달간 별다른 반응을 내놓지 않고 있던 청와대가 최근 "엄중하게 생각하고 지켜보고 있다"고 발표

○ 문재인 정권의 최대 화두 : 기회는 평등, 과정은 공정, 결과는 정의

○ 특검법 제정의 필요성 : 박근혜 정부 말기 '최순실 사건'의 경우

- 현행 상설특검법(제4조)에 의하면, 위원장 1명을 포함하여 7명의 위원으로 구성된 특별검사후보추천위원회를 국회에 두는데, 추천위원은 국회의장이 임명하거나 위촉하는 데 당연직으로 법무부 차관, 법원행정처 차장, 대한변호사협회장 등 3명이 있으며 그 밖에 국회에서 추

천한 4명 등 7명으로 구성하고, 추천위원회에서 2명의 특검 후보자를 추천하면 그중 1명을 대통령이 임명 : 특검 후보자 추천의 중립성 문제

－ 최순실 특검법(박근혜 정부의 최순실 등 민간인에 의한 국정농단 의혹 사건 규명을 위한 특별검사 임명법) : 특검 후보자 2인 야당에서 추천

7. 차제에 '나라를 죽이는 법조' 개혁의 필요성 : 새 정부의 과제

○ 전직 대법관, 검찰총장, '최순실 특검'의 특별검사, 검사장 등 소위 '50억 클럽' 소속 법조인들의 개입과 거액의 수임료(고문료 등 특혜성 수익)

○ 이재명 주변에 있는 민변 출신 수많은 변호사들의 수임료 대납 의혹

○ 부동산 불로소득과 법조 불로소득 근절책 : 이재명의 2억5000만원 수임료

○ 뿌리 깊은 '전관예우' 관행 : 법조에 대한 불신 심화(유전무죄, 무전유죄)

○ 그러다 보니 현직 법관들과 검사들은 사명감을 잃고 단순한 '샐러리맨'으로 전락하여 재판과 수사 등 사건 처리가 엄청나게 늦어지고 있음(지연된 정의는 정의가 아니다!)

○ 전관예우, 법조 카르텔의 근본적인 척결 방안 강구

○ 대법관, 헌법재판관, 검찰총장, 장관 등 고위직 법조인 출신들의 자발적 변호사 개업 자제 또는 제도적 제한 가능성 검토(일반 공무원들은 퇴직 후 연금만으로도 생활하고 있는 현실)

○ 형사사건의 경우 변호사 수임료 제한 제도의 도입

"재판관이 천권(天權)을 대신하면서 두려워할 줄 모르고 자세히 헤아리지 아니한 채 살려야 할 사람은 죽이고, 죽여야 할 사람은 살리고서도 태연하고 편안할 뿐 아니라, 돈에 흐려지고 여자에 미혹되어 비참한 백성이 고통으로 울부짖어도 구제할 줄 모르니 갈수록 화근이 깊어진다."
– 다산 정약용 흠흠신서(欽欽新書)

혜경궁김씨 트윗 사태

일단 다음의 트윗들을 봐주시기 바란다.

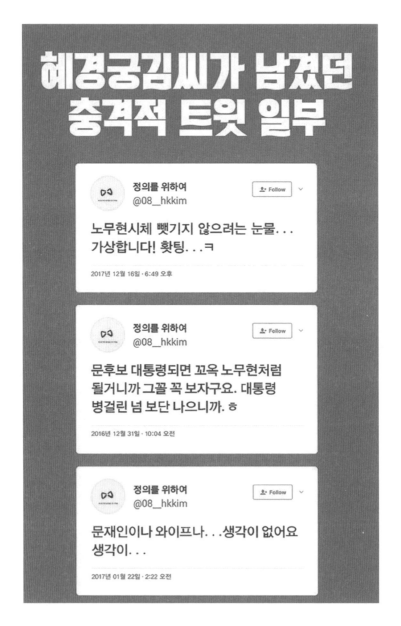

정의를 위하여 @0... · 16년 02월 12일 ⌄
@li0906_0308 @BOOKREADING 너도
니에미 구멍쑤셔 죽이고싶어하는 늙은
일베구나~~~~ㅋ

🗨 1 ⟲ ♡ ⤴

트위터 계정 @08__hkkim(정의를 위하여)가 남긴 트윗의 일부이다. (정녕 사람이 남긴 트윗인가 싶다) 이 계정의 주인이 이재명의 부인 김혜경이라는 의혹이 제기되면서 이 트윗 작성자는 '혜경궁 김씨'로 불리게 되었다. 혜경궁 트윗은 경기지사 경선 때 상대 전해철 후보를 허위사실로 비방하고, 문재인 대통령 아들 문준용 씨가 취업특혜를 받았다고 주장하여 그 명예를 훼손하고, 노무현 대통령에 대한 사자 명예훼손을 했다는 점 등으로 인해 전해철 의원과 시민들에 의해 고발돼 검경 수사까지 이루어졌다. 그리고 경찰의 수사는 혜경궁 계정주가 이재명 아내 김혜경임을 확실하게 밝히고 있으며, 나아가 이재명 본인일 가능성까지 열어두고 있다.

  경찰이 수사한 바에 따르면, 혜경궁 트윗 계정주와 김혜경의 전화번호 앞자리 '010 37'과 끝자리 '44'가 같으며, 거주지가 성남이고 자녀가 아들 둘인 것도 같으며 (이건 트위터리안들도 밝혀낸 것) 안드로이드폰을 쓰다가 2016년 7월부터 아이폰을 사용한 것과 이메일 주소가 모두 khk63**00@gmail.com으로 같고 (참고로, 이재명의 이메일은 ljm63100@nate.com) 이메일 계정 닉네임이 모두 김혜경인 것 등 둘의 신상정보가 상당히 일치하고 있다. 이 정도로 일치하려면 둘이 같은 사람이 아니고는 거의 불가능하다. 게다가 혜경궁 트위터 계정 이메일과 같은 다음 아이디의 마지막 접속지가 이재명 집이었다는 것, 이재명 부부만 알고 있을 대학졸업 때 사진이 김혜경 카카오스토리에 올라온 지 불과 10분 뒤 혜경궁 트위터에도 올라오고 그 10분 뒤 이재명 트위터에도 올라왔던 것 역시 혜경궁이 김혜경이라는 사실을 뒷받침한다.

(이재명은 자기 아내는 SNS를 하지 않는다고 했지만 김혜경 핸드폰에 트위터 앱이 깔려있고, 방송에서도 둘이 같이 SNS를 한다고 얘기한 적도 있다.) 그런데 문제는 여기서 그치지 않는다. 혜경궁 트윗의 70%가 이재명 집무실에서 이루어졌다는 것은 혜경궁 트윗의 실제 장본인이 이재명 본인이라는 걸 말해준다고밖에 볼 수가 없다. 실제로 혜경궁 트윗의 저열한 말투나 표현 등은 이재명의 그것과 많이 흡사하다 (여자로선 하기 힘든 표현들도 많고). 형수한테도 쌍욕을 날릴 정도의 마인드는 되어야 가능한 트윗들이니 말이다.

경찰은 이 사건을 기소의견으로 검찰에 송치했지만 검찰은 이를 덮어버렸다.[6] 나중에 조국 장관과 그 가족에게 하는 것과는 사뭇 달랐다. 검찰이 필요할 때 쓰기 위해 일단 파일에 넣어두고 보관하고 있다는 느낌을 지울 수 없다. (그래서 그런가, 이재명은 검찰한테는 유독 약한 모습을 보이고 있다.)

결론적으로 우리는 묻고 싶다. 이런 트윗을 날렸던 사람이 민주당 후보로 가당키나 한 일인가?

---

6 필자에게 전해진 제보에 따르면, 혜경궁 사건 기소중지 뒤에는 이 모 변호사(모 지청 차장검사 출신)가 있다고 한다. 그는 2018년 퇴직하자마자 첫 번째 사건으로 이재명의 혜경궁 사건을 수임했고, 그 이후 현재까지 총 3건의 사건만 수임했다.
경찰에서 이재명의 부인이 혜경궁이라 지목해서 기소의견으로 송치한 혜경궁사건을 기소중지라는 듣도 보도 못한 기발한 방법으로 검찰에서 기소를 막은 것은 당시 수사팀 검사들이 이 모 변호사가 데리고 있던 후배들이기에 가능했다는 것이다. 법적으로는 이재명을 지킬 수 없었기에 수사담당자인 후배검사들에게 기소중지라는 묘안을 제시하고 실현시킨 것이다.
이 모 변호사는 혜경궁 사건 및 선거법위반 대법원 판결까지 검찰쪽 담당변호사로 활동하였는데, 아무런 대가 없이 하진 않았을 것은 자명하다.

이재명의 말바꾸기

과거 이명박에 대해서 사람들이 말하길 숨 쉬는 거 빼곤 모두 거짓말이라고 했다. 포지션은 좀 달라도 그와 똑같은 부류가 이재명이다. 마치 데칼코마니 같다고나 할까. 근데 자기자신을 포장하기 위한 거짓말은 이재명이 이명박을 훨씬 능가한다.(이름도 먼저 와서 이재명박인 것처럼). 안기부로부터 협박을 당했다는 얘기나 '토건족'과 전쟁을 치렀다는 얘기나 자신이 공장에서 일할 때 사고로 한쪽 팔 뼈가 으스러져 넥타이도 한 손으로만 맨다는 것 등이 그런 것들이다.(실제론 두 손으로 넥타이도 혼자 잘 매고 서핑보드도 잘 타며 떡메도 잘 치기만 한다.)

말하는 순간순간 진실을 담지 않다보니 결국 말이 수시로 바뀐다. 예컨대,

우리 아버지는 '성실한 가장' / 우리 아버지는 '가산 탕진한 노름꾼'(아버지가 둘인 듯. 이부지자?)

나는 보수 / 나는 진보

재벌 해체하라 / 그런 말 한 적 없다

중도는 허상이다 / 내가 중도확장성 있다

사드 폐지 → 사드 조건부 수용 →사드 폐지

개헌은 꼼수다 / 대통령 임기 3년으로 단축가능

문재인 빼고 뭉치자 / 반문연대 얘기한 적 없다

박근혜 탄핵은 불가능 / 박근혜 체포, 강제수사해야

박정희 대통령이 대한민국 근대화 토대 닦은 것은 인정해야 / 박정희는 잘못한 사람, 공과 말해서는 안돼

사회적 거리두기는 쇼, 야외활동으로 풀고 대중 믿어야 / 사회적 거리두기 3단계 격상해야, 과잉대응이 낫다. 재난지원금 전국민 30만 원 / 3차, 4차 지급까지 포함된 금액이다.

증세 없는 기본소득 가능 / 증세 필요하다

부가세 인상은 서민 증세라 반대, 대기업 특혜 원상복구가 먼저 / 증세에는 부가세 포함

상품권 깡해도 영세 자영업자에 이익 / 깡은 중범죄

등등

　이런 식이다. 대체 이재명의 '본심의 집'은 어디인지 궁금하지 않을 수 없다.

　행정수도에 대한 것도 오락가락이었으며, 서울 부산 보궐선거 때도

민주당은 후보를 내지 말자고 했다가 역풍이 불 조짐이 보이자 말을 바꿨다.

그리고 이낙연 의원이 이명박과 박근혜의 반성을 전제로 사면을 건의할 수도(!) 있다는 말을 해서 공격을 당하자 자기까지 의견을 밝히면 대통령에게 부담 준다 어쩌고 하다가 (도지사가 전혀 관여할 일 없고 해서도 안 되는 국가정책에 대해서는 잘만 떠들지만), 금세 말을 바꿔 사면에 반대한다고도 했다. 그 며칠새 대통령한테 부담되지 않을 무슨 특별한 상황이 생긴 것도 아니었는데 말이다.

말바꾸기 외에 말과 행동이 따로 노는 것도 많다. 이재명은 재벌 해체 운운하면서 정작 대기업 주식만 15억 가까이 소유하기도 했었다.(나중에 처분. 집, 자동차 등등을 부부 공동 명의로 돌리는 과정에서) 그리고 '전관 예우'를 뿌리 뽑는다면서 정작 자신의 선거법 위반 공판 때는 대법관 출신 등으로 초호화 변호인단을 꾸리기도 했었다. 말로는 '억강부약'이라고 하면서 실제로는 '억약부강'하고 있다. 장애인들 이용 못하게 엘리베이터 전원을 끄게 하고 시청 직원을 하인 부리듯 억압조로 대하는 반면 언론사나 유명 강사들에겐 세금을 펑펑 써대며 우대한다

문재인 대통령과
정부를 향한 발톱

이재명의 언행을 보면 도대체 왜 민주당에 있는 것인지, 민주당 소속 정치인이 맞긴 한 건지 의문이 들 때가 많다. 어느 방송에서 민주당을 두고 '이 좋은 그릇을 왜 버리겠느냐'라고 했던 것에서 짐작되듯, 민주당은 민주진보쪽에서 가장 큰 당이기에 이용가치가 있어서 적을 두고 있다고 보는 것이 맞을 것이다. 마음은 '오렌지'밭에 가있지만 말이다.

이재명은 여당 소속임에도 불구하고 문재인 대통령과 정부를 향해 야당 이상으로 발톱을 세워왔다. 19대 대선 경선 즈음부터, 당내에서 경쟁하는 수준을 한참 벗어날 정도로 당시 문재인 후보를 공격했다. 문준용 씨가 취업 특혜를 받았다는 주장부터 (이건 나중에 혜경궁 트윗사태가 터졌을 때도 자기 문제를 호도하기 위해 다시 이용해먹었다) 문재인 후보를 겨냥해, '공직을 이용한 돈벌이를 했다 (부산 저축은행 연루 마타도어), 야권 쪼개버린 장본인이다, 신념이 없다, 참여정부 실세였지만 뭘 했는지 모르겠다, 주변 기득권이 재벌과 너무 가깝다', 등

등으로 공격을 했다. 아무리 당내 경선 상대후보라 하더라도 선을 한참 넘은 것이었다.

이런 이재명의 태도는 문재인 정부가 출범한 이후에도 계속되었다. 문재인 대통령이 신임하는 홍남기 부총리를 계속 공격해 온 것, 문 대통령의 '취약계층 우선' 발언을 일부러 왜곡해 마치 문 대통령이 부자들을 죄인이라고 한 것처럼 몰아간 것, 문 정부에서 대기업들에게 정당하지 못한 특혜라도 주는 것처럼 상징조작하는 것('특혜 없애서 기본소득 재원으로' 운운), 정부가 뭘 못하게 해서 자기가 방역을 제대로 할 수 없는 것처럼 떠든 것, 광역단체중 유일하게 경기도만 버스요금을 올려 놓고 그걸 정부 탓이라고 회피한 것, 자기 관할 이천에서 일어난 산재사고도 정부 비판에 이용한 것, 등등 셀 수조차 없을 지경이다. 급기야 문 정부와 민주당에 대한 원망과 배신감이 불길처럼 퍼져갈 것이라고 저주를 퍼붓기도 했다. 대체 민주당 정치인이 정녕 맞긴 맞는 건가?

최근엔 정부와 별도로 백신을 확보하겠다고 언플하기도 했는데, 이건 지자체의 권한도 아니다. 그럼에도 이런 식으로 구는 건 그냥 튀기 위한 것이며, 나아가 교묘하게 '정부 무능 프레임'을 짜기 위한 것이다.

facebook

 이재명
경기도지사 · ❖

문재인 정부와 민주당,
나아가 국가와 공동체에 대한 원망과 배신감이
불길처럼 퍼져가는 것이 제 눈에 뚜렷이 보입니다

경기도정의 문제 ✍

1. 굿모닝하우스는 '굿바이'하우스로.

이재명이 경기지사가 된 이후 가장 먼저 한 일이 굿모닝 하우스를 도로 도지사 관사로 환원한 것이었다. 굿모닝하우스는 원래 도지사 관사였으나 전임 남경필 지사가 도민에게 문화공간으로 개방해 결혼식, 게스트 하우스, 카페, 북클럽 등으로 도민들이 이용해 왔던 곳이었다. 각종 문화행사도 많이 열렸다.

이재명 측은 굿모닝하우스가 적자 폭이 커 '세금 먹는 하마'라고 했으나 어차피 수익을 보기 위한 것이 아니라 도민들을 위한 복지 차원에서 개방했던 것이니만큼 그런 주장은 설득력이 떨어진다. 이재명의 성남 집이 수원의 도청과 멀다는 것도 이유로 댔으나 차로 30분 거리가 과연 그렇게 먼 거리인지 의문이다. 사실 굿모닝하우스가 크고 널찍하니 살고 싶었던 것이 가장 큰 이유일 것이다.

그렇게 볼 수밖에 없는 게, 도민 세금을 처발라 각종 가구와 집기를 들여놓았기 때문이다.

□ 비품 현황

(단위 : 천원)

관사	품 명	규 격	구 입 일	구입금액	비고
1층	신발장	1400*400*2200	2019. 04.	1,100	
	창고수납장	1600*400*2200	2019. 04.	1,200	
	거실TV장	2000*400*450	2019. 04.	1,100	
	거실소파	2050*1050*915	2019. 04.	3,025	
	러그	3000*2200	2019. 04.	1,320	
	식탁세트	2000*1000*760	2019. 04.	2,409	
	식당수납장	3600*400*1200	2019. 04.	3,520	
	세탁실수납장	2650*400*1200	2019. 04.	1,320	
	세탁실작업대	1650*600*1200	2019. 04.	990	
	안방침대	킹사이즈	2019. 04.	5,000	
	안방욕실욕조	1500*750*590	2019. 04.	1,430	
	방비실수납장	2400*600*950	2019. 04.	1,100	
	로얄테이블세트	Φ1600, 의자4개	2019. 04.	4,400	
	로얄테이블	2100*1100*750	2019. 04.	2,200	
	로얄응접의자 3개	730*630*910	2019. 04.	4,400	
	콸트커튼선 3개	H900*L1000	2019. 04.	990	

100만 원이 넘는 신발장과 수납장, 300백만 원이 넘는 소파, 500만 원짜리 침대, 240만 원대 식탁세트, 140만 원대 욕실 욕조, 4백만 원이 넘는 러닝머신, 냉장고 새탁기 등 670만 원대 가전제품 등 개인용으로 쓰는 것들을 세금으로 처발랐다. 굿모닝하우스는 졸지에 '돈모닝하우스'가 됐다. (참고로, 문재인 대통령은 청와대 들어갈 때 침대 하나만 바꾸었고 그것도 본인 돈으로 했다.) 이외 조경 및 개보수 등을 합쳐 1억 넘는 세금이 쓰였다. 이재명측 주장대로라면 과연 이렇게 할 이유가 무엇인가? 다시 관사로 쓰기 위한 개보수 정도면 몰라도 고가의 개인용 가구와 집기, 가전제품까지 들여놓은 것은 큰 집으로 옮기면서 신혼(?)살림 장만한 모양새밖에는 되지 않는다.

게다가 이 모든 걸 수의계약으로 처리했다. 평소 입으로만 '공정'을 얘기하는 것과는 많이 다르다고 할 수 있다.

2. 과도한 언론 홍보비

언론이 이재명을 대하는 태도는 그야말로 나치 선전장관 괴벨스가 히틀러 선전하듯 할 정도다. 가끔 아주 예외적인 경우를 뺀다면 거의 찬양일색이다. 좌적폐 언론은 물론이고 수구언론도 마찬가지다.

보통 정치인들에 대한 언론의 태도는 진영논리에 토대를 두고 있다. 좌쪽 언론이 민주진보쪽 정치인들에게 우호적이고 수구언론은 또 그쪽 정치인들에게 상당히 우호적이다. 자기 진영의 정치인들은 무슨 짓을 해도 그냥 넘어가는 경우가 많고 반대쪽 정치인들은 겨만 조금 묻어도 마치 똥밭에서 굴렀던 사람인 것처럼 공격하는 경우가 많다.

예외는 있(었)다. 노무현-문재인 대통령에게는 좌우 불문 십자포화를 퍼부어댔다. 수구언론이 그러는 건 진영논리에 충실한 거라 볼 수 있는데, 이른바 진보언론이라는 것들이 그러는 건 진영논리도 뭣도 아니다. 그들의 관념성과 조급성, 그리고 자신들이 민주진보를 이끌어간다는 망상 때문이다. 그래서 개혁의 주류가 된 노무현-문재인 대통령을 고깝게 보는 것이다.

어쨌든 언론의 기본적인 태도는 그러한데, 또 하나의 예외가 바로 이재명이다. 노무현-문재인 대통령에게 하는 것과는 정반대다. 좌쪽 언론이 이재명을 띄워주는 건 같은 '좌적폐'로서 통하는 게 있기 때문일 것이다. 이재명이 노무현-문재인 대통령과는 결이 다르기에 노-문 두 대통령을 싫어하는 좌쪽 언론의 구미에도 맞다.

그런데 수구언론조차 민주당 소속 정치인인 이재명에게는 무척이나 살뜰하다. 조선일보는 트윗을 통해 이재명 부부의 결혼기념일까지 축하해 줄 정도다. 사실 이재명의 여러 문제에 대해 수구언론들이 노-문 대통령에게 했던 10분의 1만큼이라도 검증하고 공격을 했다면 이재명은 일찍이 정계에서 축출돼 '지금은 어디쯤 가고 있을까?'하는 상태일 것이다.

수구언론이 이재명을 그렇게 품어주는 건 몇 가지 이유가 있다. 이재명을 민주당의 '시한폭탄'으로 간주하는 게 그 하나다. '이재명 리스크'를 일단 갖고 있다가 결정적일 때 터뜨리면 현 정부와 민주당에 큰 타격을 줄 수 있다. 민주당의 재집권도 막을 수 있다. 또 하나의 이유는, 수구언론이 보기에 이재명도 자신들에게 불리할 게 없다는 것이다. 조선일보를 폐간하겠다고 입으로만 떠들 뿐 정작 조중동과 상생하면서 그들이 주는 상까지 받는 게 이재명이다. 문제점과 약점이 많아서 그걸로 이재명과 '딜' 하기에도 좋다. 여러모로 꽃놀이패인 것이다.

여기에다 이재명이 도정 홍보비 명목으로 돈까지 퍼부어주니 (이른바 '친구비'라고 하는 것. 성남시장 시절부터 이런 행태를 보여왔다) 언론 입장에서는 '뭐 이런 걸 다… 이런 고마울 데가 다 있나' 하는 게 작금의 풍경이다. 연일 '찢비어천가'가 울려퍼진다. 민주당 정치인에게 이런 일이 벌어지는 건 유사 이래 처음이다.

- 이재명, 선명한 민생정책 들고 대선 승부수 띄워

이재명 화끈한 대북정책 통했나. 김정은 대남군사행동 전격 보류

이재명, SNS로 폭우피해 막는다

이재명 지사, 여름휴가 취소하고 현장 점검 (사실은 휴가 취소도 안했고, 휴가기간 동안 현장점검도 없었다)

이재명 기본소득 비판한 장덕천 부천시장 뭇매

코로나 부동산 정국 돌파력 보인 이재명

이재명이 던진 '부동산백지신탁제 갈수록 탄력

그 사람] 견고한 현실주의자 이재명

'나는 거침 없는 실용주의자' (한겨레 1면 전면) –

등등 '찢비어천가'는 수두룩하다. 이재명의 문제점은 제대로 보도하지 않는 것은 물론 MBC는 아예 '땡이뉴스'를 하는 지경이다.

경기도의 연간 홍보비는 2016년 64억3000만원, 2017년 77억9000만 원, 2018년 107억2000만 원, 2019년 117억2000만 원, 2020년 예산은 126억원이었다. 이재명의 주장대로 2018년 예산은 전임 남경필 지사 때 책정되었다 해도 그 이후에도 계속 홍보 예산은 늘고 있다.

이재명 도지사 임기 시작 2018년 7월부터 2020년 8월까지 2년 1개월 동안 256억 4천6백여만 원의 홍보비가 집행되었다. 이는 직전 민선 6기 2년(2016년~2017년)간의 집행액 140억 원의 두 배에 가까운 규모이다. 이게 그저 전임자 탓인가? 성남시장 시절 홍보비도 97억 넘게, 100억 가까이 쓴 건 누구 핑계를 댈 것인가?

게다가 홍보의 내용은 더 문제다. 코로나가 한창일 때도 경기도는

그 방역에 관한 홍보는 16%만 사용했고 절반 가까운 47%는 상품권과 기본소득 홍보에 사용했다. 경기도의 홍보비는 엄밀히 말하면 '도정 홍보비'가 아니라 '이재명 홍보비'인 것이다. 사실상 도민 세금으로 대선 선거운동을 하고 있는 셈이다. 그게 아니라면 경기도 홍보를 대체 왜 부산, 강원도에서까지 하는가.

더 어이 없는 건 수억원씩 들여 외국 언론에도 (타임지, CNN 등) 기본소득을 홍보했다는 것이다. (굿모닝하우스를 두고 '세금 잡아먹는 하마' 운운했던 것들이다) 혹시 이재명은 기본소득을 전 세계적으로 관철시키는 '지구 총사령관'이라도 꿈꾸는 것일까?

3. 숟가락 얹기

일 잘한다고 언플하는 이재명이 진짜로 잘하는 게 하나 있다. 바로 남이 해놓은 일에 숟가락 얹기다. 그것도 그 당시에 사람들의 관심이 쏠려있는 분야에서만 그렇고 사람들 관심이 별로 없는 쪽은 언플이 여의치 않아서인지 '젓가락'도 잘 올리지 않는다.

숟가락 얹기의 대표적인 사례 가운데 하나가 닥터헬기다. 닥터헬기는 사실 한국항공우주산업이 아주대 병원과 계약해 시작된 것이고 이재명은 이 과정에서 한 게 아무 것도 없다. (전임 남경필 지사 때 사실상 이루어졌다고 함) 다만 닥터헬기 사업이 이재명 임기 시작과 비슷한 때에 시작돼 자신이 한 것처럼 포장했을 뿐이다. 이걸로 숱하게 언론 플레이 하고 이국종 교수까지 이용했지만 그때뿐이었다.

닥터헬기 사업은 적자가 누적돼 결국 사업을 접게 되었다. 언플처럼 이재명이 닥터헬기를 그렇게 중요하게 여겼다면 백억 단위로 쓰는 홍보비를 줄여서라도 지원했어야 하는 게 아닐까?

(이국종 교수는 닥터헬기 사업이 취소될까 봐 이재명의 선거법 위반 공판에서 탄원서까지 썼는데, 지금 무슨 생각을 하고 있을까?)

계곡 정비사업도 그렇다. 이건 원래 남양주 조광한 시장이 시작했고 그 성과도 많이 나타났던 사업이다. 이재명은 계곡 정비사업이 마치 자기가 '저작권'이라도 있는 것처럼 언플했지만 그 역시 논문을 표절한 것과 같은 표절이었다.

그리고 배달앱 문제가 사회 이슈로 떠오르자 이재명은 여기에도 어김 없이 숟가락을 올린다. 그러면서 들고 나온 게 공공배달앱. 그러나 이건 이미 김진표 의원이 제기했던 것이고 군산에선 이미 공공배달앱을 시행하고 있었다. 그럼에도 '이재명표'로 언플을 했다. (사람들의 관심이 식자 여느 때와 다름 없이 유야무야) 도 홍보비로 언론에 '기름칠'을 했기에 가능한 일이었다.

('이재명표'라는 걸 보게 된다면 뒤에 글자 하나를 더 붙여서 생각하면 거의 틀림이 없다. '이재명표절'.)

4. 코로나 방역 무능 또는 무관심

2020년 벽두부터 전세계를 강타하고 아직도 진행중인 코로나 바이러스의 창궐, 이것은 사스나 메르스는 비교조차 되지 않는 팬데믹이었고, 우리 나라 역시 이 사태를 비켜가지 못했다.

（그래도 한국은 질병관리본부(나중에 '청'으로 승격)를 비롯한 정부의 효율적이고 지속적인 노력, 의료진의 헌신 덕에 방역모범국으로 자리 잡았다.）

그런데 이런 국가적 비상사태를 철저하게 개인적으로 이용한 게 이재명이었다. 촛불정국을 이용했던 것처럼.

이재명이 코로나 정국에서 한 거라곤 신천지 교주 이만희의 검체를 채취하겠다고 경찰들과 함께 (그리고 언플에 반드시 필요한 언론사 카메라와 함께) 경기도 가평의 신천지 연수원을 습격(?)한 것과 신천지 교인 명단을 확보하겠다고 신천지 과천본부를 (역시 언론사 카메라와 함께) 쫓아간 것이 거의 전부이다.

이것 역시 당시 코로나 확산의 주범으로 신천지가 국민적 공분을 사고 있을 때 그 감정을 이용한 철저한 쇼맨십이었다. 이만희 검체를 채취하겠다고 갔을 때는 이만희는 이미 과천에 가서 검사를 받고있는 상황이었으며 (이걸 이재명이 몰랐다면 정보수집능력 부족, 알고도 갔다면 사기 과잉) 신천지 교인 명단도 정부에서 이미 확보하고 있는 중이었다. 지자체와 공유하겠다고 밝히고 있었고.

（이재명의 돌출행동으로 인해 정부의 명단확보 작업에 차질이 생길 수도 있었다.）

이런 일들을 하기 위해 굳이 도지사가 카메라 대동하고 직접 가야 하는 것이었을까? 만일 신천지에 사람들의 관심이 쏠려있지 않았다 해도 이재명은 그렇게 했을까? 게다가 신천지 과천본부는 과천시에서 이미 폐쇄해 사람도 없던 곳이었는데 (폐쇄된 곳에 미리 가서 대기하고 있던 신천지 관계자 몇 명은 있었다고 함. 굳이 왜?) 공무원 40여 명까지 데리고 요란스럽게 가야 할 이유는?

(그럼에도 정작 신천지 전수조사 실적은 극히 저조해 다른 광역단체에서 백명 단위일 때 경기도에서 연락이 두절되거나 조사를 거부한 신천지 교인은 2995명을 기록한 적도 있었다. 그리고 이재명은 신천지는 가해자가 아니라 피해자라고 두둔해 주기도 했다.

신천지 문제가 드러나지 않았던 성남시장 시절엔 신천지 행사에 축전도 보내고 신천지 교회인 성남시온교회 사람들이 이재명 행사에 가서 자원봉사도 해줬다. 이재명은 신천지가 운영하는 천지일보에 홍보비도 꽤 퍼주었고 그 답례로(?) 천지일보는 이재명 찬양기사도 많이 써준, 이재명과 신천지 사이의 애틋한(?) 역사도 있다.)

그러나 정작 방역을 위해 이재명이 한 일은 없다. 오히려 앞으로 더 감염폭발이 일어날 것이라며 불안 분위기만 지속적으로 조성했다. 그렇게 되면 정부를 비판하고 자기가 '기본소득'을 팔아먹는 장사질에도 이용하기 쉽기 때문이었다.

이재명이 방역에 관심을 두지 않고 언플만 했다는 건 여러 정황증거가 있다. 일단 중앙대책본부 회의에 거의 참석하지도 않았다. 300번이 넘는 회의 중에 참석은 고작 3번이었다. 가장 많이 참석한 경북지사는 163번이었던 것에 비하면 거의 직무유기라고 할 수 있다. 게다가 이 회의는 직접 모이는 것도 아니고 화상회의였다. 이재명은 참석 안한 핑계를 대기 위해 '도지사 한 시간은 도민들의 시간으로 천3백만 시간 어쩌고' 했는데, 그럼 다른 단체장들은 시민이나 도민과 관계 없는 사람들인가? 그런 일에 도민을 대표해서 나가라고 도민들이 지사로 뽑아준 것 아닌가 말이다.(아, 실제 도지사 선거 1위인 '기권표'씨가 참석

했나?) 그리고 그런 사람이 SNS는 그렇게 많이 하고 오만 군데 다니며 '기본소득'은 열심히 떠들고 다닐 시간은 있었던가? 그런 일로 허비한 시간은 몇 천만 시간을 넘어 몇 억 시간일까?

(경기도에서 백신을 별도 수급하겠다 어쩌고 하니 정세균 총리는 이재명 지사가 중대본 회의에 참석을 하지 않아 상황을 잘 모르는 것 같다고 꼬집기도 했다.)

도지사가 방역에 관심이 없으니 코로나 초기에 경기도에서 확진자도 많이 발생했다. 2020년 3월 방역 관계자는 경기도에서 확진자가 하루 새 30명 넘게 나오자 "오늘 국내 코로나19 발생 통계 중에서 유의하게 봐야 할 부분 중 하나는 사실 경기도"라고 짚기도 했다. 이후에도 경기도에서 집단감염 사례가 나타난 것도 여러 차례였고, 반년 넘게 확진자 발생이 전국 탑이었다. 지금도 백신접종예약률이 경기도는 전국 바닥권이다. 경기도내 역학 조사관이 없는 시-군은 15곳이나 되며, 파견 의료진에 대한 임금 체불도 역시 경기도가 압도적 1위이다. 임금을 받지 못한 295명 가운데 288명이 경기도였고 체불액은 15억7천6백만 원이었다. 그 다음 충북이 6명, 2억여 원이었으니 그야말로 '넘사벽'이다.

(성남시장 시절 임금체불액도 124억8천으로 경기도내 1위였다.)[7]

---

7 지금도 (2021년 7월 현재) 경기도, 그리고 오세훈이 시장이 된 서울시는 큰 폭으로 확진자 증가추세를 보이고 있다.

5. 재난지원금 문제

코로나가 전 국민들에게는 재앙이었지만 이재명에게만은 '기본소득'을 효과적으로 팔아먹을 수 있게 한 '진앙'이 되었다. 재난사태를 맞아 국가에서 재난지원금을 주는 상황이 되자 이걸 기본소득을 홍보하는 데 한껏 이용해먹은 것이다.

명칭부터 바르게 하자. 이재명이 주장하는 것처럼 '재난기본소득'이 아니라 '재난지원금'이다. '기본소득'이란 재난시에만 주는 것이 아니다. '청년 기본소득'이란 말처럼 특정 계층에게만 주는 것도 아니다.(이런 말은 '따뜻한 아이스커피'처럼 모순된 조합이다) '기본소득'은 '보편성', '지속성', '충분성'을 그 특징으로 한다. 즉, 모든 국민에게 생활에 필요한 액수를 꾸준히 지급해야 하는 것이다. 재난시에만 달랑 주는 건 '기본소득'이 될 수 없다. 이재명은 '소득'이라야 권리의 개념이 담기고 '지원금'에는 시혜의 개념만 있다고 하지만, 그건 이재명의 착각이고, 재난시에 한시적으로 받는 게 굳이 권리이어야 할 필요도 없다. '보편적 복지'는 국민의 권리이지만 말이다.

이재명이 지원금을 취약계층에 우선적으로 지원하는 것에 반대하고 전국민에게 똑같은 액수를 주자고 주장하는 것도 '재난기본소득'이란 말을 고집하는 것에서 연유한다. '기본소득'이 갖는 '보편성'의 특징을 억지로 '재난지원금'에 끌어와야 하기 때문이다.

명칭을 바로 잡아야 하는 것은 '보편지급'이란 말도 마찬가지다. 이재명과 언론은 전 국민에게 지급하는 것을 '보편지급'이라 하고 취약계층에 우선적으로 지원하는 걸 '선별지급'이라 하지만, '보편지급'은 '보

편적 복지'랑 헷갈리게 하는 용어다.('보편'은 국가가 보호해야 할 대상
이 보편성을 띤다는 것으로, '학생 누구나'라고 할 때 학생 모두에 해
당하는 걸 의미하는 것이지 '무조건 전 국민'을 의미하는 것이 아니다)
'보편지급'이 아니라 '무차별지급'이 더 맞는 표현이며 오히려 '기본소
득'이 '보편적 복지'를 해치는 수단이 된다는 점에서(이에 대해서는 후
술) '보편'이라는 말을 함부로 붙여서는 안 된다.[8]

이재명이 홍남기 부총리를 비롯한 기재부를 공격하는 것도 홍 부총
리가 지원금의 전국민 지급, 즉 무차별 지급을 반대하기 때문이다.(홍
부총리는 나라의 곳간을 책임진 사람답게 엄정한 자세를 유지하면서
국가채무 절대액수는 물론 그 상승비율을 더 우려하고 있다.)

이재명은 전 국민에게 무차별 지급을 주장하지만 이는 경제적으로
도 효과가 없다는 게 밝혀지고 있다. 상식적으로 생각해도, 당장 월세
낼 돈이 없어 가게를 닫아야 하는 영세업자와 다달이 수백 수천씩 버
는 사람에게 동일하게 10만 원씩 주는 건 차라리 코메디에 가깝다. '소
득'이든 '지원금'이든 그 앞에 '재난'이란 말이 붙는다면 재난으로 인해
피해를 입은 사람들에게 (코로나로 인한 건 아무래도 영세 자영업자)
우선적으로 혜택이 돌아가야 하는 건 당연한 이치다. 이재명은 모두
10만 원 받으면 사람들이 돈을 쓰게 되니 경기가 부양된다고 주장하지

---

8 학생들 무상급식과 지원금 '무차별지급'을 동일하게 보는 건 무지의 소치다. 무상급식은 학생
이라는 특정계층에게는 누구에게나(!) 특정한 복지(이 경우엔 급식)를 전면적으로 시행하는 '보편
적 복지'의 일환이다. 똑같은 액수의 돈을 무차별적으로 뿌리는 건 그런 보편적 복지를 줄일 수밖
에 없게 만든다.

만 이 역시 그냥 주장일 뿐이다. 고소득층이 10만원 더 받아봐야 그들의 소비 비율에서 10만 원이 차지하는 건 극히 일부이며 그들은 영세업자들에게 소비하지 않는다. 중간층과 저소득층 역시 일부러 영세업자들을 위해 그 돈을 쓰진 않는다. 자신들 코부터 석자이기에.

장덕천 부천시장이 말하는 것처럼, 87만의 부천 시민들에게 10만 원씩 주면 870억, 이 돈을 소상공인 20,000여 곳에 400만 원씩 준다면 훨씬 효과가 큰 것이다. 이런 재난에는 기업과 소상공인 등의 '고용 유지'가 무엇보다도 중요하기 때문이다.

무차별지급과 선별지급의 차이는 다음의 그림이 단적으로 보여준다. 정말 평등과 공정이 무엇인지…

통계 역시 코로나로 인해 저소득층의 2020년 근로소득이 2019년에 비해 하락한 반면 최고소득층의 근로소득은 커지고 있음을 보여주고 있다. 지원금 선별지급이 없었다면 소득격차는 더 커질 수밖에 없는 것이다.

정부에서 1인가구 40만 원부터 해서 최대 4인가구 100만 원을 지원할 때 100만 원중 80만 원은 정부가 지원하고 20만 원은 광역—기초단체에서 각각 분담하게 했었다. 서울시와 인천시는 100만 원을 모두 지급하면서 추가로 자체 지원금도 지급하였다. 광주광역시도 정부의 100만 원 외에 추가로 40만 원을 지원하였다. 이런 곳은 상당히 많았다. 이재명처럼 요란하게 언플하지도 않으면서.

그런데 경기도는 자체지원금 20만 원을 빼고 80만 원만 지원하였는데, 이재명은 이걸 비판하는 사람들을 향해 '산수도 못한다'는 식으로 '깐족'거렸다. 경기도는 1인당 '재난소득' 10만 원씩, 4인가구는 40만 원을 지급하니 120만 원이 된다면서 잘난 체를 한 것이다. 그런데 앞에서 얘기했듯이 다른 광역단체에서도 이미 그 이상은 지원하고 있는 것이었다. 부천시는 경기도내이지만 자체적으로 20만 원을 채워 100만원을 맞춰서 지급했고.

남들이 산수 못한다고 뭐라 할 시간에 다른 지역에서는 어떻게 했는지 '사회' 공부할 시간은 없었을까? (본인 초등학교 때와 검정고시 성적표는 '쪽팔리지' 않은가?) 경기도에서 이렇게 정부지원금 100만 원을 안 맞추고 기어이(!) 따로 다른 명목으로 지급하는 건 역시나 '기본소득' 때문이다. 정부에서 주는 건 지원금, 경기도에서 주는 건 '기본소득'이라는 걸 광고하고자 함이다. 물론 그게 '기본소득'이 아니라는 건 상술한 바와 같다.

그런데 1-2차 재난지원금을 (이재명 주장대로면 '재난기본소득') 주는 과정에서 이재명은 대형사고를 친다. 재난지원금을 주기 위해 다른 기금을 전용한 것이다.

경기도가 2020년 지급한 1차 재난기본소득 비용은 1조3430억 원, 올해 2021년 설 이전에 모두 지급한 2차 재난기본소득 비용은 1조4035억 원이다. 그런데 1-2차 지원금 재원 총액 2조7천억중 지역개발기금에서 대략 1조5천억, 재난관리기금에서 약 4천억, 재해구호기금에서 약 2천4백억, 통합재정안정화기금에서 약 5천억을 빼돌려 쓴 것이다.

이런 기금들은 일반 예산으로 전용할 경우 채워넣어야 하는 돈이다. 예를 들어 "지역개발기금은 모아둔 돈을 일반 예산으로 빼서 쓰면 일정 기간 내에 이자를 내고 다시 상환해야 한다. 지난해 7천억 원은 3년 거치 5년 균등 분할 상환 방식이 적용됐는데 이에 따라 2024년부터 2029년까지 7천억 원을 5년에 나눠 상환하게 된다. 이자는 630억 원이 발생할 것으로 예상된다. 매년 1천526억 원을 상환해야 하는데 올해도 동일한 규모로 차용하면 기간이 겹치는 2025~2029년 4년간은 매년 3천억원 가량을 상환해야 한다"[9] 는 것이다.

----

9 경인일보, 2021. 1. 16

결국 1-2차 합계로 특정연도에 갚아야 할 돈은 5천억으로 치솟았고, 경기도는 상환기간도 2029년에서 2035년으로 늘렸다. 결국 도민들이 받은 2조7천억은 이자까지 쳐서 도민들이 14년간 갚아야 할 돈이다.[10] 경기도 이상으로 재난지원금을 지급한 다른 어느 시도에서도 없는 일이다. 게다가 경기도는 이 빚을 갚기 위해 지역개발기금에서 다시 돈을 빌려 갚는 '돌려갚기' 신공도 구사하겠다고 밝히고 있다. 그런데 그때는 이미 이재명은 정치효과만 '먹'고 '튄' 이후이다.

(이런 기금들을 전용했으니 실제 자연재난 등이 발생할 경우 경기도민들은 제대로 지원을 받지 못할 수도 있다.)

이재명은 이러면서도 '여유재정을 운용한 것이고, 이자도 생기지 않으며, 보도블럭 깔 돈 아낀 거'라고 거짓말을 늘어놓았다.(욕설이 이재명의 본가라면 거짓말은 바람 피우러 자주 가는 딴살림집이다.) 대체 경기도 보도블럭은 황금으로 깔 예정이었단 말인가.

중요한 것 한 가지 더. 이재명은 정작 코로나 관련 예산 5백억은 삭감했다. 남경필 지사가 시행한 차량 2,000cc 미만 채권구입 면제, 2,000cc 이상 5천만원 미만 차량 구매자의 공채 구입비 50% 할인도 없애버렸다. (돈까지 준다며 달려드는) 애정 공세의 에로 영화(?)에서 호러 느낌 나지 않으시는가?

----

10 국민일보, 2021. 2. 2

6. 기본소득론과 기본대출론의 문제

이재명이 마치 자신의 트레이드 마크라도 되는 양 자주 떠드는 게 바로 기본소득이다. 재난지원금을 자꾸 '재난기본소득'이라고 우기는 것도 그 때문이다. 전 국민에게 돈을 뿌린다는 건 전형적인 포퓰리즘 작태다. 기본소득을 주장하려고 알래스카와 미국, 일본의 사례도 끌어들이다가 또 어떤 때는 다른 아무 나라도 하지 않으니 우리도 안 하는 건 '사대열패'의식이라고 핏대를 세우기도 한다. (부탁인데, 제발 한 가지만 했으면 좋겠다.) 알래스카는 유전을 주민의 공동재산으로 간주하여 그에 따른 배당금을 나눠주는 것이며, 미국과 일본 역시 일시적인 재난지원금을 기축통화국의 입장을 이용하여 지급한 것 뿐이다.

'기본소득'만 얘기할 뿐 구체적인 얘기는 그때그때 다르지만 이재명이 주장하는 건 매달 10만 원, 나아가 50만 원을 전국민에게 매달 지급하는 것이 핵심일 것이다. 10만 원은 물론 50만 원을 준다해도 그건 최저생계비에 턱 없이 모자라 '충분성'을 갖지 못하므로 기본소득이 될 수 없다. 게다가 가능하기나 한 일일까?

전 국민에게 매달 50만 원씩 준다고 하면 일년에 300조의 예산이 필요하다. 현재 우리 나라 세수가 대략 300조이다. 즉 지금보다 두 배 가량 증세가 필요한 것이다. 이건 아예 언어도단이다.

두 배까지 증세는 안 하려면 기존 예산 일부를 돌려야 한다. 2020년 세액 및 소득공제 등 조세감면액이 54조, 복지예산이 180조이며 그중 공적 연금이 55조이다. 소득공제 같은 조세감면액 모두 없애고 공적

연금 뺀 복지예산 모두 없애면 약 180조가 생긴다. 기초생활보장, 건강보험, 취약계층 지원 등을 모두 없애야 한다. 그래도 300조에는 턱없이 모자란다. (소득세 감면을 줄이는 것도 얘기하는데 전체 소득세가 84조고 감면이 22조다.)

즉 기존예산 갖고 아무리 해도 그 재원은 마련하지 못하고 엄청난 증세는 불가피하다. 그래서 소득세 인상, 탄소세, 로봇세 등의 신설, 부가가치세 인상 등을 얘기하기도 하고 그래도 모자라면 국채를 발행하자고 한다.

이건 뭐 나라 망하라는 얘기다. 재벌이나 실업자나 (실업자는 기존 실업급여보다 적은 기본소득 받음) 똑같이 몇십만 원 받자고 모든 복지, 모든 공제, 건강보험 다 없어지고 국가 빚은 늘어나고 (이건 신용등급에도 직결된다) 인플레는 폭발한다. (50만 원 받지만 물가를 고려하면 50만 원의 가치는 반토막 날 수도 있다) 계층 간 소득격차는 하늘과 땅 사이를 넘어 하늘과 '지구 내핵' 사이가 될 것이다. (고소득층의 수입이 중간계층과 저소득층으로 이전할 거라는 용혜인의 주장은 각 계층의 비율을 똑같이 전제한 오류이며 탁상공론에 불과하다) 그리고 그런 국가재난상황 때는 이재명은 역시 또 권력만 '먹'고 '튄' 상황이다.

이재명은 프란치스코 교황도 '기본소득'을 주장했다고 하는데 이는 의도적 왜곡이거나 무지의 소산이다. 교황이 '기본임금'과 함께 얘기한 것은 누구나 '기본적인 소득'을 얻을 수 있어야 한다는 것이다. 즉 실업자들에겐 충분한 실업급여가 지급되는 등 복지의 사각지대를 없애는 보편적 복지를 얘기한 것이지 누구에게나 무차별적으로 똑같은 액수의 돈을 뿌려야 하는 '기본소득'을 얘기한 것이 아닌 것이다. 자신의 입맛대로 외신(교황의 말씀도 외신이라면)을 짜깁기하는 것은 조중동질이다.

지금 이재명은 기본소득 재원마련에 애는 타고 무조건 시행은 해야한다고 주장은 하고 싶은지 한달도 아닌 1년 50만 원, 한달 4만 원을 기본소득으로 주자고 하고 있다. 이건 '기본껌값'을 주겠다는 건데 일단 사람이 기본은 되었으면 좋겠다.

(이재명은 기본소득 불가능론에 대해 '불가능을 가능케 하는 게 정치'라고 했다. 여기에 아우렐리우스의 말씀을 돌려준다.
'불가능한 것들을 추구하는 것은 정신 나간 짓이다. 그리고 악인들이 악을 행하지 않는 것은 불가능하다.'- 마르쿠스 아우렐리우스, [명상록])

기본이 안 된 사람이라 '기본'에 한이 맺혔는지 이재명이 '기본소득' 다음으로 또 주장하는 게 '기본대출'이다. '기본대출'은 최고금리를 10%로 제한하고 고신용자든 저신용자든 똑같이 은행에서 대출을 해주고 미상환이자 손실은 국가가 부담하라는 것이다. 이게 과연 정상적인 정치인의 머리에서 나올 수 있는 말일까?
이렇게 하면 은행들은 신용등급을 구분해 따로 이자율을 책정할 필요가 없고 은행을 이용하는 사람들 역시 자신의 신용도를 높게 유지하려고 애쓸 필요가 없다. (고신용자는 저신용자들 부채까지 책임지는 격이 될 것이고) 사람들이 은행에 몰려가 대출을 쉽게 받으면 전체 대출액은 커지게 되고 연체율 역시 상승하게 된다. 이자를 안 갚아도 국가가 책임져주니 이자를 일부러 안 갚는 '모랄 헤저드'는 심화되고 신용불량자는 늘어나게 된다. 이 모든 걸 커버하기 위해서 국가재정은 엄청난 압박을 받게 되고 금융시스템 붕괴도 명약관화다.

신용등급에 따라 금리를 다르게 하는 것은 자본주의 시장경제의 질서이기도 하다. 그러나 이재명의 머릿속에는 '사람들이 돈 쉽게 쥘 수 있게 하면 나에 대한 지지도는 오를 것'이란 것밖에 없다. 이에 대한 비판이 쏟아지자 이재명은 몇 억씩 대출해 주는 건 아니고 1,000만원 정도로 하자고 물러났다. 말을 말자. 그런데 한국 성인인구 전부가 이자 부담 없이 죄다 1,000만원씩 대출 받는 사태가 생기면 어찌 될까?

이재명의 '기본 시리즈'는 결국 국가가 무작정 민간시장에 개입해 모든 책임을 다 지라는 것으로 귀결된다. 국가의 개입과 자유시장경제와의 조화와 적절한 '긴장관계' 유지는 경제의 기본이다. 이재명의 '기본'은 그 어느 것이든 '기본'이 안 돼있다.

7.'상품권 성애자', 이재명

이재명이 '재난기본소득'(이 아니라 재난지원금)을 주면서도 현금으로 지급하는 경우는 없다. 반드시 상품권으로 준다. (이재명은 '지역화폐'라고 강변하지만 '지역사랑 상품권'이 적확한 용어로서 대통령과 경제수장도 그 용어로 통일할 것을 요구하고 있다).

이재명의 상품권 사랑은 성남시장 시절부터다. 그때도 뭔가를 준다고 하면 반드시 상품권으로 줬다. 대체 그 이유가 뭘까? 현금으로 지급하면 추가비용이 전혀 없는데도 굳이 발행비, 플랫폼 수수료, 홍보비 등 전환비용이 많이 들어가는 상품권을 고집하는 이유가.

이재명은 주장한다, 상품권은 지역상권 안에서만 쓸 수 있으니 지역경제 활성화에 도움이 되고 현금은 그렇지 않다고. 그러나 입증되지 않은 주장이다. 오히려 경제 손실만 가져온다.[11]

'지역사랑 상품권'이 처음 등장한 건 물론 지역경제 활성화를 위해서

----

11 한국조세재정연구원의 연구결과에 의하면 상품권은 지역경제 활성화나 고용 증대에 도움을 주지 못한다고 결론 내리고 있다. 이건 전국 3천2백만 개 자영업 빅데이터 전수조사에 근거한 것으로, 상품권 발행은 소비자에겐 불이익, 정부와 지자체엔 발행비용, 행정비용, 보조금 낭비를 불러온다는 것이다. 한 해 경제적 순손실은 2,260억이다. 이에 이재명은 조세연을 '얼빠진 국책기관', '적폐'라고 강하게 비난했다. 분노조절장애 증상이다. 그리고 경기도 산하 경기연구원을 시켜 상품권 효과를 과장하면서 조세연을 반박하게 했다. 그런데 이 경기연구원의 주장은 다시 조세연에 재반박되었다. 예를 들어 100만 원 소비하는 사람이 50만 원 상품권을 충전해 5만 원 인센티브를 받았다면 그의 소비여력은 5만원 추가되었을 뿐인데 경기연은 55만원이라고 과장했다는 것이다. 상품권 충전하느라 줄어든 현금 소비 50만 원을 간과한 것.
역시 연구기관도 상사를 잘 모셔야 한다.
또하나 덧붙이면, 경기도는 경남보다 인구가 훨씬 많음에도 불구하고 상품권 가맹점 수가 훨씬 적다. 즉 그렇게 세금으로 홍보를 함에도 불구하고 상품권이 지역 전체상인들에게 제대로 돌고 있지 않은 것이다.

이다. 그런데 원래의 상품권은, '온누리 상품권'처럼 필요한 사람이 구매해서 쓰는 것이었다. '재난지원금'처럼 필요성에 관계없이 어쩔 수 없이 무조건적으로 받아서 써야 하는 게 아니었다.

필요해서 구매해 쓰는 원래의 상품권도 부정적인 측면이 있었다. 이른바 '깡'이라고 하는 불법적 현금전환이다. 그런데 사람들이 필요해 구매한 상품권은 굳이 '깡'을 해야 할 일은 많지 않았다.

문제는 무슨무슨 배당이니 무슨 지원금이니 하며 강제적으로 유통을 시키면서 커진 것이다. (인센티브를 주며 판매하는 경우도 있다) 자신은 굳이 필요하지도 않고 사용처도 제한되어 있는 상품권을 받으면 결국 현금으로 바꿀 수밖에 없게 된다. '깡' 시장의 규모가 커질 수밖에 없는 것이다. 그리고 이게 이재명이 상품권을 고집하는 결정적인 이유이다.

경기도의 상품권은 코나아이란 회사가 전담하고 있다. 상품권을 발행하고 플랫폼 구축하고 유통시키고 상품권 사용 후 남는 이른바 '낙전'까지 전부 챙기고 있다.(포인트 말소시효가 3년인데 그에 따른 잔액과 이자가 지자체로 반납되는 게 아니라 코나아이로 귀속) 이재명과 코나아이의 관계가 의심스러울 수밖에 없다.

게다가 '깡'을 기업적으로 하는 건 주로 조폭들이다. 이재명의 상품권 고집은 조폭들에겐 '휴지 떨어진 이쪽으로 옆칸에서 휴지 건네준 것'보다 고마운 일인 것이다.

8. 독재 본능

'분노조절장애'가 있다는 말을 듣더니 역시나 분노조절장애에 빠져 그 말을 인증해준 이재명. 이재명은 자신에 대한 비판을 절대 못 견딘다. 형과 형수에게 패륜짓한 것도 그래서다.

가족에게도 그러니 남들에겐 오죽할까. 성남시장 시절부터 이재명은 자신을 비판하는 사람들을 향해 '개소리', '붕어머리', '미친개는 몽둥이가 약', '머리에 든 게 없어', '정신질환', '마약중독' 등등의 트윗을 날렸다. 그래도 시장 이름 내놓고 하는 거라 살짝 우회하는 듯이 했고 형수에게 한 것보다는 약하긴 했다.(이름 감추고 하면 혜경궁 트윗이다.)

(아래 트윗 모음은 이재명이 성남시장 시절 다른 트위터리안들에게 날린 것)

이재명 ☑
@Jaemyung_Lee

물지는 말고 패야되는거 아닐까요? 사람 무는 개는 미쳤으니 미친개는 몽둥이가 약이라고..RT"@jongcheun: @Jaemyung_Lee 네, Just speaking! 개가 사람 문다고 사람이 개를 물수야 없죠."

오전 1:32 · 2012년 8월 5일 · Twitter for Android

이재명 ☑
@Jaemyung_Lee

이분 약간 이상해요ㅎ 농담이 아니라면 완전 또라이인데..설마 또라이는 아닌거같고..^^ RT"@masters1111: @Jaemyung_Lee @cheonjecho @bookebara ㅋㅎㅎ 소통!!~소가 웃는다!!청도의 전유성씨한테 물어봐야지~~"

오후 9:24 · 2012년 10월 20일 · Twitter for Android

이재명 ☑
@Jaemyung_Lee

좀 불쌍하긴해요 머리에 든게 없어 주체적인 사고도 못하고 기냥 카더라에 의존하고 이용당하는 존재들..^^ "@liveware45: @LutusSutra @sun8439 또라이들이 쉽게 근절되겠습니까! 꼴에 사명감가지고 꼴통짓하는데 넘도야줘 뭐."

오후 10:54 · 2012년 7월 31일 · Twitter for Android

이재명 ☑
@Jaemyung_Lee

가끔 강아지들이 사람 대접받기를 기다리는 이상한 상황을 접한다. 오늘도 강아지들이 많네. 개소리 하면서 사람말로 알아듣고 사람 말로 대답하기를 기다리는 못된 강아지들. 이 멘션 보고 기분 나쁜 님들. 그대들이 곧 강아지니라.

오전 12:11 · 2013년 5월 28일 · Twitter for Android

이재명 ☑
@Jaemyung_Lee

이상한 사람 또 하나 나타나셨네 이 사람도 마약중독이나 정실질환자인 모양. ㅋ RT @rightpen: 연예부 기자 모집 이재명 성남시장관련 연예인,가족비사 특종 보유자 특채

오전 8:38 · 2014년 6월 12일 · twtkr for Android

이재명 ☑
@Jaemyung_Lee

아까는 성남에 구역질난다는 분이 있어서 화장실 대변기 안내해드렸는데. 이분은 간질있으신가 본데 누가 정신병원 좀 소개해주세요ㅆ RT"@qudwnal: 성남시장이 특별한것도 없이 너무 많이 나오는..이제는 성남 자만 나오면 발작이 납니다.

오후 9:22 · 2012년 11월 7일 · Twitter for Android

이재명 ✔
@Jaemyung_Lee

전화개발 초기에 '민원을 건방지게 얼굴도 안 내밀고 어따 전화질..'이라고 욕하던 질문이 생각나게 하는..^^
RT @easyburn:그렇게 급하고 중요한 일이면 당직실에 전화를 하시든가요 나 열심히 일한다고 여러사람에 전시하고픈걸로밖에 안 보입니다

오전 9:02 · 2015년 5월 5일 · twtkr for Android

이재명 ✔
@Jaemyung_Lee

<블락하면서 무슨 소통이냐구요?> 소통이란 제정신과 예의도덕 갖춘사람과 하는거 인간 덜 된자, 헛소리하는 정신병자, 욕설 폭언하는 자들을 블락해야 정상적인 소통이 가능..블락당한 분들 중 거기에 속하지 않는다 생각하면 자기글 돌아보길..

오전 10:55 · 2013년 3월 9일 · Twitter for Android

이재명 ✔
@Jaemyung_Lee

@roadno1 님에게 보내는 답글

주변사람 안심시키는 차원에서..검사대상은 환자가 아니고 환자의 가족..당연성이지요 이거 뭐 한글못읽는 바보는 아닌 것 같고..@roadno1 메르스환자로 공개한 사람을 모두 사실이 아님이 밝혀졌네요? 이재명씨 이제 어쩔실건가요 인권변호사라면서?

오후 4:29 · 2015년 6월 10일 · Twitter Web Client

이재명 ✔
@Jaemyung_Lee

@happyseniorcent 님에게 보내는 답글

<트윗은 성남이 자랑하는 sns광속행정의 수단입니다> 트윗도 업무이고 소통수단이란걸 모르는 바보시구나 안행부가 권장한 sns광속행정 모범사례입니다 귀눈 처닫고 혼자 떠드는 인간 존경하다보면 소통이 불편할수도있지만..@happyseniorcent

오전 10:59 · 2014년 11월 12일 · Twitter Web Client

이재명 ✔
@Jaemyung_Lee

@sn9600 님에게 보내는 답글

성남시는 이미 참전용사 포함 국가유공자들에게 살아있는동안 매년 60만원씩 배당하고 있다니까요? 목위에 붕어머리 달고 아니시나?
@sn9600

오전 12:12 · 2016년 6월 27일 · Twitter for iPhone

이재명 ✔
@Jaemyung_Lee

@rhksdnrsla 님에게 보내는 답글

맞팔은 쥐나 닭같은 동물이나 벌레같은 거 아니면 다 해드려요
아~도박사이트도..^^
@rhksdnrsla 이재명 시장님이 맞팔을 해주셨다... 감사합니다^^

오후 7:05 · 2015년 5월 26일 · Twitter for Android

이재명 성남시장
@Jaemyung_Lee

어서 화장실로 가셔서 대변기에 머릴 넣으세요^^ RT"@smk110400:
"@koreaspiritnana:구역질나는 자화자찬 성남시 모라토리움 이어 금융복지 상담센터 설치 과다 채무자 신용회복? 널 보면 악마는 천사의얼굴로다가온다는 말이 생각

12/11/07 · 1:49 오후

이재명 ✔
@Jaemyung_Lee

@Yitler 님에게 보내는 답글

종풍사건.. 인터넷에 한번 쳐 보세요^^
새누리당 이회창이 대선 이기겠다고 북한에 돈주고 우리 병사를 향해 총격도발 요청한 사건..
이게 바로 종북이고 국가반역행위입니다 불쌍한 중생 같으니ㅉㅉ
@Yitler

오전 9:41 · 2015년 8월 27일 · twtkr for Android

이재명 ✔
@Jaemyung_Lee

@bysyos007 님에게 보내는 답글

본인이 쥐닭벌레에 해당하시나? 왜 ㅂㄷㅂㄷ하실까?^^ @bysyos007

오후 5:48 · 2015년 5월 26일 · twtkr for Android

도지사가 되어서는 트윗으로 만족하지 못한다. 자신을 비판하는 네티즌들 향해 고소-고발을 남발한다.(명백한 명예훼손이 아닌 한 민주당 정치인이 이런 적은 없다) 명목으로는 가짜뉴스를 유포하는 사람을 처벌받게 한다고 하는데 그런 경우는 극히 일부로 면피용일 뿐이다. 예를 들어 '이명박보다 악질'이란 말까지 허위사실 유포로 고소고발하는데, '이명박보다 악질'이란 말은 사실여부를 가릴 수 있는 사실판단의 영역이 아니라 가치판단의 영역에 있는 것이다. 수학에서 얘기하는 참과 거짓을 가를 수 있는 명제가 아닌 것이다. 이건 그저 그 사람의 의견일 뿐이다.(존경스런 의견이다) 고소고발하는 게 대체로 이런 사람들의 '의견'(!)이다, 사실 여부를 따질 수 있는, 따져야 하는, 그래서 '허위사실'로 정확히 못 박을 수 있는 것들이 아니라.

이렇게 인터넷 여론엔 재갈을 물리려 하면서 자신은 여론조작질을 서슴지 않는다.

| ull KT 📶 | 오후 7:46 | 🛰 ✹ 67% 🔋 ⚡ |

Q 이재명 총신

인기   **최근**   사용자   사진   동영상   뉴스   싱

정유경 @m57s6TM11vdWc... ·3분 ⌄
[충격] 이재명 공격된다? 국민들이 이재명을 살리기 위하여 총신자려야해
youtu.be/zJINYi_Whco

현민김 @ouGcAfj8yliG4lG · 4분 ⌄

[충격] 이재명 공격된다? 국민들이 이재명
을 살리기 위하여 총신자려야해

youtu.be/zJINYi_Whco

     ⟲   ♡

김예은 @GYO1Fq1F0q5iaR1 · 4분 ⌄

[충격] 이재명 공격된다? 국민들이 이재명
을 살리기 위하여 총신자려야해

youtu.be/zJINYi_Whco

     ⟲   ♡

박다현 @evbtQyAtSefUbtB · 5분 ⌄

[충격] 이재명 공격된다? 국민들이 이재명
을 살리기 위하여 총신자려야해

youtu.be/zJINYi_Whco

       Q   ②

인기   최근   사용자   사진   동영상   뉴스   생방

정유경 @m57s6TM11vdWcMw · 1분 ⌄

선거법 위반한 사람은 누구? KBS에게서 이재명
작심 비판 받는 거 여부 있는 건가? youtu.be/
JBeynkQSWTs

◯   ⟲   ♡   ⬆

곽미주 @A4fJDJbKDuzu2J1 · 2분
선거법 위반한 사람은 누구? KBS에게서 이재명
작심 비판 받는 거 여부 있는 건가? youtu.be/
JBeynkQSWTs

💬　　🔁　　♡　　⤴

박다현 @evbtQyAtSefUbtB · 2분
선거법 위반한 사람은 누구? KBS에게서 이재명
작심 비판 받는 거 여부 있는 건가? youtu.be/
JBeynkQSWTs

💬　　🔁　　♡　　⤴

이채원 @1xyvdDGXGuArllr · 3분
선거법 위반한 사람은 누구? KBS에게서 이재명
작심 비판 받는 거 여부 있는 건가? youtu.be/
JBeynkQSWTs

💬　　🔁　　♡　　⤴

이른바 '알계정'이라고 하는 가짜계정을 만들어 여론을 자신한테 유
리하게 돌리려 하고 있는 것이다. (근데 일단 맞춤법이나 문법은 좀 지
키자.) 김경수 지사가 유탄을 맞긴 했지만 이재명이야말로 매크로를
돌리고 있는 게 아니냐는 의혹을 받고 있기도 하다.

이런 모든 건 본인도 모르는 일이고 그냥 지지자들이 하는 일이라고
할 것인가? 그럼 스스로 이 문제에 선을 긋고 분명하게 밝히면 된다.
SNS 중독자가 저런 '알계정' 자체를 모르고 있진 않을 거 아닌가.

이재명이 '여론탄압의 DNA'를 가지고 있다는 걸 보여주는 사례는 또 있다. 교통방송에서 하던 '백반토론'이라는 시사풍자 꽁트 프로그램에서 이재명을 풍자하다가 작가가 교체되었다. 이재명 얘기는 하지 말라는 외압을 받고 그만두게 된 것이다. 다음은 그 박찬혁 작가가 직접 남긴 글의 일부이다.

"결코 받을 수 없고 받아서도 안 되는 것들은 있죠
이재명과 관계된 얘기는 어떤 얘기든 절대 할 수 없다
그런가? 난 그런 건 받을 수 없다
그래서 나왔어요
어차피 나오기로 했던 거라 저는 오늘이든 내일이든 상관없는데
남은 팀원들을 위해 얼마의 기간이라도 더 채워보려고 했습니다만
받을 수도 없고 받아서도 안 되는 것들은 있죠
이명박 시절부터 지금껏 풍자꽁트 데일리 프로그램들을 하는 동안
내게 자랑이 아니어야 할 능력이 하나 있다면 습관화된 자기검열.
거기에다 주변의 압력과 제재 통제에 가로막혔던 다양한 경험치도
못지 않게 갖고 있습니다만 지난 날들과 비교해 봤을 때도
받을 수도 없고 받아서도 안되는 것들은 있습니다."

이게 그냥 방송국 자체적으로 내린 조치라고 할 것인가? 이명박 박근혜 시절에도 이런 일은 없었다.

이재명의 '보이지 않는 압력'에 의해 작가가 교체된 경우는 또 있다. OCN 드라마 '경이로운 소문'의 작가다. 이 드라마는 등장인물들 중에

신명휘 시장이라는 캐릭터가 이재명을 연상시킨다는 시청자들의 반응으로 여론의 화제가 되었다. 건설사 비리 및 조폭과 관련된 악덕 시장인데 드라마 중간중간에 이재명을 연상시키는 장치들이 있었던 것이다. 그런데 이걸 먼저 인지한 사람들은 이재명 지지자들이었다. ('문제 많은 시장' 하면 떠오를 정도인 건 그 지지자들도 아는 듯).

흥미롭게도 그들이 방송국에 항의하면서 이 방송 내용도 널리 알려지게 되었다. 그렇게 여론화되자 이 드라마에는 경기도의 광고들이 붙더니 결국 작가가 교체되었고 신명휘 시장이라는 캐릭터도 사라졌다.

이것도 이재명과는 그저 아무 관련이 없는 일이었을까? '그것이 알고 싶다', '백반토론', '경이로운 소문' 모두 이재명과 관련되기만 하면 제대로 진행이 되지 못했다. '한 번은 실수지만 두 번은 실력'이라는 말도 있다. 근데 벌써 세 번째이다, 이재명이 여론탄압 실력을 보여준 것은.

그리고 이재명이 취임하자마자 공을 들인 게 특별사법경찰(줄여서 특사경)이라는 것이다. 취임하면서 그 조직과 인력을 두 배로 늘렸다. 특사경이란 '관할 검사장이 지명하는 일반직 공무원이 특정 직무의 범위 내에서 수사를 계획·실행하는 제도'이다, '전문화된 기능별로 전문성이 부족한 일반 사법경찰관리로서는 직무수행이 불충분하기 때문에 전문적 지식이 정통한 행정공무원에게 사법경찰권을 부여하여 수사 활동을 하도록 제도화'한 것이다. 취지를 보면 분명 필요한 제도라고 생각한다. 경기도 특사경은 이재명이 도지사 되기 한참 전인 2009

년 7월 창설돼 공중위생, 식품위생, 의약, 환경, 청소년 보호 등 분야에서 꾸준히 위법사항을 적발해 왔다.

이재명은 취임하면서 이 특사경을 두 배로 늘렸다. 세금도 두 배가 들어갔다. 그렇게 두 배씩 늘려야 할 특별한 이유라도 있었던가? 게다가 법률에도 근거하지 않은 도지사 직속 치안보좌관까지 둔 이유는?

특사경이 될 수 있는 일반 공무원은 도지사가 임면할 수 있다고 한다. 그럼 공채 출신 아닌, 그 신분도 의심스러운 사람조차 도지사가 일반 공무원으로 뽑은 후 특사경으로 전환시킬 수 있다는 얘기가 된다.

그런데 특사경을 지명할 수 있는 사람은 관할 검사장으로 법령에서 명시하고 있다. 특사경의 수사도 검사의 지휘를 받아야 한다. 애초에 도지사의 권한도 아닌 것이다.

형식을 갖추기 위해 검사장한테 요청해 특사경을 늘렸을 수도 있을 것이다. 그런데 그런 요청 자체가 월권이다. 특사경이 될 일반 공무원들은 본인이 뽑아놓고 이렇게 한 거라면 결국 '사병'을 만든 셈이라고 할 수 있다.

(이재명은 어떤 사람들로 특사경을 증원했는지 공개할 수 있는가?)

이런 이유 외에 특사경을 확대한 것은 특사경을 이용해 무리한 적발 수사를 하여 자신의 치적(?)을 과장하기 위한 것이라고 여겨진다. 그런데 이런 식의 수사, 적발 위주의 행정은 비교적 쉬우며 반짝 인기를 얻는 데도 도움이 될지 모르나 근본적인 개선책은 될 수가 없다.

(매매춘을 근절하겠다고 사창가를 없애는 게 근본적인 해결책이 아

닌 것처럼)

예를 들어, 개 불법도축을 단속한다고 능사가 아니고 그것이 불법으로 빠지기 전에 양성화할 수 있는 제도적 환경적 틀을 만드는 데 오히려 세금은 더 쓰여야 한다. 다른 사안들도 마찬가지다.

그리고 이런 차원의 단속, 수사, 적발 위주 행정은 독재정권들이 자신들의 정당성(?)을 내세우기 위해 늘 사용하던 방법이기도 하다. 박정희 정권이 '미풍양속'을 지킨다는 명분 아래 장발과 미니스커트를 단속한 것과 전두환 정권의 '사회정화사업'도 그렇고, 노태우 정권은 자그만치 범죄와의 전쟁!까지 선포했었다.[12]

----

12 제임스 Q 윌슨이라는 하버드 대 정치학 교수가 있었다. 미국 정계와 사법제도에 큰 영향을 끼친 사람인데, 그는 "범죄에 가난이나 차별 같은 구조적 원인이 있다는 것을 믿지 않았다. 대신 문제의 원인은 오직 한 가지라고 강조했다. 바로 인간의 본성이었다." 그는 범죄자 교화는 필요 없고 그저 범죄자를 치워버리는 것만이 답이라고 생각했다. 그런 그가 처음으로 제시한 이론이 바로 '깨진 유리창' 이론이다. "건물의 깨진 유리창을 수리하지 않은 채 방치하면 곧이어 나머지 유리창도 모두 깨질 것이다."라는 것이다. 이것은 '범죄 전염병 이론'으로, "조만간 아무도 개입하지 않으면 공공기물 파손에 이어 불법 거주자가 설치될 것이며, 이후 마약 중독자들이 모이고, 그러고 나면 누군가 살해당하는 것은 시간문제일 뿐이라는 논리"로 정립되었다. 그래서 "보도 위의 쓰레기, 거리의 부랑자, 벽의 그래피티 등은 모두 살인과 대혼란의 전조이며, 한 장뿐이었던 깨진 유리창은 질서가 유지되지 않고 있다는 메시지가 되어 범죄자들에게 더욱 심한 짓을 저지를 수 있게 하는 신호를 보낸다는 것"이다. 그래서 거지, 노숙자, 부랑자 등에 대한 대대적인 단속으로 적용되었다.
이 이론을 철저히 신봉하고 실행에 옮긴 사람이 1990년 뉴욕시 교통경찰국장이 된 윌리엄 브래튼이었다. 그는 철권으로 뉴욕시의 질서를 회복하고 싶어했는데 그 주요 타겟은 고작(!) 무임승차자였다. 무임승차자 체포건수는 5배로 증가했다. 1994년 그가 뉴욕시 경찰국장이 되면서 그 범위는 확대되었다. 브래튼의 조장하에 규칙과 절차도 무시한 경찰관들은 사소한 위반행위자(공공장소에서 술을 마시는 등)도 닥치는대로 체포했다. 범죄율이 급감하면서 이 방침은 효과가 있는 듯 했다. 그러나 "듣기에 그럴 듯했던 이론은 점점 더 경솔한 체포로 귀결되었다. 브래튼 국장은 통계에 집착하게 되었고 휘하 경찰관들도 마찬가지였다. 최고의 수치를 보여줄 수 있는 사람은 승진했고, 뒤처진 사람은 책임을 져야 했다. 그 결과 경찰관들이 최대한 많은 벌금을 부과하고, 최대한 많은 소환장을 발부하도록 압박하는 할당제가 만들어졌다. 경찰관들은 심지어 위반을 조작하기 시작했다. 거리에서 대화를 하는 사람들? 공공도로를 막았다고 체포하라. 지하철에서 춤추는 아이들? 평화를 해쳤다고 입건하라. 심각한 범죄는 완전히 다른 이야기였다는 사실은 나중에 탐사보도 기자들에 의해 밝혀졌다." 결국, "윌리엄 브래튼과 그의 추종자들이 내놓은 '혁신적' 치안 유지는 뉴욕시의 범죄

("파시스트 통치의 큰 특징 중 하나는 – 혹자는 파시스트 고유의 특징이라고 본다 – 엄청난 규모의 경찰력이다." – 조지 오웰)

특사경과 더불어 이재명이 대폭 확대한 것은, 못받은 세금 걷겠다고 만든 체납관리단이다. 이 체납관리단은 아예 민간인이다. 기간제근로자(어떤 사람들일까?)로 구성되어 있다. 그런데 원래 업무 이외에 다른 업무에도 많이 동원되었다고 한다. (어떤 일에?)

그래서인지 잡아먹는 세금만큼 제 역할을 못하고 있다. 체납관리단 인력과 소요예산은 2019년 1262명에 132억여 원, 2020년 2303명에 166억여 원으로 늘었지만 실적은 오히려 줄었다. 2019년 체납액 2035억여 원 중 징수액은 976억여 원(징수율 48%)이었지만 2020년 9월까지 2000억여 원 중 852억여 원(42.5%)으로 줄은 것이다. 세외수입 역시 2019년 체납액 3272억여 원 중 징수액 1108억여원(33.9%)에서 2020년 9월까지 3235억여 원 중 922억여 원(28.5%)으로 감소했다.[13]

경기도의 지방세 포기 규모는 전국 1위다.

이재명의 독재본능은 자신의 주장을 잘 따라오지 않는 기초단체를

율 하락과 전혀 관련이 없다는 사실이 드러났다. 범죄율은 이전부터 하락하고 있었고, 이는 경찰이 잡범은 잡지 않았던 샌디에이고 같은 다른 도시에서도 마찬가지였다. 깨진 유리창 이론에 대해 30개의 연구를 메타분석한 2015년 결과에 따르면 브래튼의 공격적인 치안 전략이 범죄를 줄이는 데 어떤 기여를 했는지 그 어떤 증거도 없다. 전혀, 아무 것도 없다. 갑판을 닦는다고 타이타닉호의 침몰을 막을 수 없었던 것처럼 주차 위반 딱지를 발부한다고 동네가 더 안전해지는 것은 아니다."(– 뤼트허르 브레흐만, [휴먼카인드]에서 참조 및 발췌)
이재명이 무리하게 확대한 특사경의 존재도 이와 크게 다르지 않다고 생각한다.
13 news1, 2020. 11. 20

절대로 그냥 두지 않는 걸 봐도 알 수 있다. 자신의 기본소득 주장에 반대한 부천시장을 공격하고 재난지원금을 상품권이 아닌 현금으로 지급한 수원시, 남양주시에 대해 보복을 하고 있는 게 그것이다.

장덕천 부천시장이 '기본소득'론을 비판하자 이재명은 '반기를 들었다', '월권이자 도정방해'라고 거품을 물었다. (일단 내용을 떠나, 엄연히 시민들이 뽑은 시장을 도지사 부하쯤으로 생각하고 있는 작태다.) 그런데 이재명 자신은 대통령의 '취약계층 우선지원'에 '반기를 든 월권이자 국정 방해' 행위는 태연스럽게 저지르고 있다. 수원시와 남양주시에는 경기도 특별교부금도 보내지 않았으며, 남양주시에 대해선 7개월간 9번이나 보복성 감사를 하고 '채용비리', '공금황령' 등으로 고발하기도 했다. 채용 비리는 근거가 없는 것이며(근거 있는 경기도청 팀장 인사나 제대로...) 공금 횡령이란 것도 남양주 시장 비서실 팀장이 50만원어치 커피쿠폰을 시장업무추진비로 구입해 10장은 보건소에, 나머지 10장은 코로나 비상근무 지원부서에 돌린 걸 어마어마한 범죄라도 저지른 양 언플과 함께 고발한 것이다.(이재명이 도지사 되자마자 도청 전직원들에게 공금으로 삼계탕 돌린 건?)

상품권 문제 외에, 이재명이 특히 남양주 시에 치졸한 정치보복을 하는 건 조광한 시장이 계곡정비를 가장 먼저, 그리고 제대로 한 사람이기 때문이기도 하다. 계곡정비를 '이재명표'로 언플해왔기에 조 시장이 눈엣가시인 것이다.

이재명을 통해 분명히 드러나는 게 있다. 분노조절장애는 독재본능의 증상이기도 하다는 것이다.

이재명이 제대로 의견조정을 안 거치고 자기 멋대로 일을 저지른 것 중의 하나가 경기대 기숙사 징발사건이다. 코로나 사태가 장기화되면서 결국 중증환자 격리치료시설이 부족한 상황이 되었다. 이에 따라 각 지자체에서는 기업이나 대학 등과 협의를 해 연수원이나 학교 기숙사를 확보하였다. 이재명은 병실확보를 위한 노력은 아무 것도 하지 않다가 병실확보문제가 여론 주제가 되자 갑자기 경기도내 많은 국공립 대학교 놔두고 사립인 경기대를 그야말로 징발하였다. 사전에 학교 측이나 학생과는 아무런 협의도 없었다. 게다가 시험기간이었다.

이재명은 미리 협의해서 확보한 것처럼 언플을 했지만 언제나 그랬듯 거짓이었다. 언플로 다 확정을 지어놓았으니 경기대 학교 측도 학생 측도 그대로 따르는 수밖에는 없었다. 더 나은 조건을 내걸 수도 없었다. '내가 결정하면 너희는 그냥 따라와.' 이런 마인드를 만들어내는 (그야말로 이기적) 유전자가 이재명의 몸속에는 분명히 있다.

그리고 '국정감사 및 조사에 관한 법률'을 어겨가면서 경기도 국정감사를 거부하겠다고 하기도 했다. 정부 예산은 타쓰면서 감사는 받지 않겠다는 희한한 사고방식의 소유자이다.

태도가 본질이란 말이 있다. 방송 앞에서도 저런 태도를 보이는 것이 이재명의 본질을 말해준다.

9. 낙하산 부대 사령관, 이재명

이재명이 군대를 다녀오지 않았지만 군대식으로 잘하는 게 하나 있다. 바로 낙하산 운용. 자기 측근, 자기 추종자라면 전문성도 없고 능력도 검증되지 않은 사람을 요직에 팍팍 꽂아주고 있다. 킨텍스 사장에 전시경험이 전혀 없는 자신의 측근 이화영(전 경기도 평화부지사)을 임명하였으며, 경기도 도시공사 사장에도 역시 측근인 이헌욱(변호사)을, '구라미터'로 조롱당할 정도로 이재명에게 편향된 여론조사만 내놓는 리얼미터 일개 부장 권순정을 경기도 과학진흥원 이사로 영전(!) 시켜준 게 그 단적인 예이다. 외부에서 6급으로 도청에 들어와 1~2년만에 5급으로 승진한 다음 외부 기관(경기소방본부 언론공보팀)에 나갔다가 한 달 반만에 다시 도청(홍보전략팀) 팀장으로 발령난 사람도 있다.

이재명 주위에 '동팔이' 같은 파리(!)가 꼬이는 것은 이렇게 확실히 챙겨주기 때문이다. 자기 사람 살뜰히 챙겨주는 건 전두환을 많이 닮았다.(경기도 장세동은 누구일까?) 측근까진 아니고, 인터넷이나 방송 등에서 이재명을 옹호하는 자들 중에도 이렇게 한 자리를 노리는 것들이 분명히 많이 있을 것이다.

(아예 경기도 전체적으로 인사가 '망사'인 건 다음 기사를 통해 보아도 알 수 있다.)

> ## 경기도 산하기관 직원 불공정 채용 의혹...권익위, 관련 조사 착수

10. 기타

그 외, 일 잘한다고 언플만 하는 이재명의 무능을 알려주는 사례는 많다. 10억 가까이 들여 만든 경기버스라운지(대체 누가 버스를 타기 위해 줄 안 서고 3층에 올라가 있겠는가? 라운지 이용하려고 아주 여유 있게 미리 갈 사람은 또 얼마나 될 거고?)는 이용객이 거의 없어 '귀곡산장'화 되고 있으며, 광역단체 중 경기도만 유일하게 고등학교 1학년 무상교육 실시를 못하고 있다. 공공요금은 죄다 오르고 있으며, 버스 노조문제를 제대로 해결 못해 경기도만 광역단체 중 유일하게 모든 버스 요금이 올랐다. 경기교통방송 등 자신의 정치행보에 필요한 예산

은 수천억씩 쓰면서 말이다. 세금을 자기 돈처럼 쓰는 건 또 있다.

정성호 39억 7천, 김한장 20억, 소병훈 20억, 김병욱 20억, 이재정 11억5천만, 김남국 20억, 임오경 15억, 오영환 11억, 이소영 37억 등등

경기도 특별교부금 지급 대상과 액수다. 남양주 시에는 보내지도 않았던 특별교부금으로 의원들 '줄세우기'를 하고 있다.[14]

14 물론 의원 개인이 아니라 지역구 사업에 쓰라고 한 명목일 것이다. 그러나 특교금으로 도의원 길들이기를 한다는 지적이 있었던 것처럼 (일간경인, 2018. 7. 23) 지자체가 아닌 의원들을 통한 지급은 '줄세우기'의 범주를 벗어나지 못한다. 남양주시에는 지급 안하는 보복의 수단이기도 하다.

여러 가지 의혹들

배우 김부선과의 불륜은 이제 뭐 의혹도 아니다. 고소고발 좋아하는 이재명이, 자신의 불륜을 공개적으로 언급하는 김부선에 대해선 고소고발 하지도 못하고 있다. 우리는 지금 불륜으로 소송당하고 있는 집권여당의 대선 후보 한 사람을 보고 있다. (이른바 '부선궁' 외에 다른 궁 얘기도 나온다. 과거 왕들도 경복궁, 경희궁, 창경궁 등등 있었다지만…)

'성남국제파'라는 조폭과의 커넥션도 여전한 의혹이다. SBS〈그것이 알고싶다〉에서 이 문제를 조금 파헤친 적이 있다. 그런데 후속보도를 얘기해놓고는〈그알〉은 현재까지 침묵하고 있다. 처음 방송이 나간 이후 이재명이 SBS 경영진과 몇 차례 만난 정황이 있으며, 경기도는 신청사 건설 사업자로 SBS 소유주 태영 컨소시엄과 협약을 맺었다. 태영은 그 외 경기도 관급공사를 거의 싹쓸이하고 있다.

새롭게 제기되고 있는 의혹은 옵티머스와 관련된 것이다. 옵티머스 고문인 채동욱 전 검찰총장이 이재명과 만나 논의한 경기도 광주시 물류단지 부지는 압류와 경매, 소송이 진행 중임에도 경기도에서 물류단지 허가절차를 진행했다. 그리고 그 땅은 공시지가 40억임에도 220억에 매각됐다. 옵티머스 내부 문건에 따르면 채동욱과 이재명이 2020년 5월 만난 이후 '패스트 트랙 진행, 인허가 시점 2020. 09'라는 문구가 발견되기도 했다. 물류단지 말고도 옵티머스 펀드 사기 연루설도 있다. 옵티머스의 곳간 역할을 한다는 성지건설에는 이재명 처남이 이사로 있기도 하다.

위의 의혹들 가운데 하나만 제대로 드러나도 이재명은 회생불능의 지경에 처한다. 아니, 사실로까지 확실히 드러나진 않더라도, 지금까지처럼 언론들이 침묵해주지 않고 작정하고 의혹만 떠들어도 그렇게 된다. 이재명은 '유리병'이다. 투명해서 그런 게 아니라 조금만 건드려도 깨질 수밖에 없기 때문이다.

언론이, 그리고 검찰이 죽일 수도, 살릴 수도 있는 자, 그런 자가 이재명이다. 언론과 검찰에 목줄이 매여있는 자는 그 어떤 개혁도 하지 못한다.

"사람으로서 하지 않은 일이 있은 다음에야 할 수 있는 일이 있다."(人有不爲也而後 可以有爲) (- 맹자)
사람으로서 해선 안될 짓만 골고루 한 자는 무얼 제대로 할 수가 없다. 자기가 한 짓이 결국 발목을 잡게 되기 때문이다.

3장

우리는
왜 이재명을
반대하는가

이재명을 싫어하는 이유

세상(世上)이 어떻게 돌아가든 말든, 보기 싫은 인간(人間)들이 뻘짓을 하든 말든, 눈 감고 모른 척하면서 구름에 달 가듯이 그냥저냥 살고 있는 내가 개인적(個人的)으로 이재명을 싫어할 만한 이유는 딱히 없다. 이재명이 내게 돈을 빌려달라고 한 적도 없고, 사기(詐欺)를 쳐서 나를 곤경(困境)에 빠뜨린 적도 없기 때문이다.

이재명은 내게 술을 사달라고 한 적도, 밥을 사달라고 한 적도 없다. 자신을 지지(支持)해 달라고 부탁을 한 적도 없다. 그럼에도 불구하고 나는 이재명을 싫어한다. 뜨거운 여름날 미션픽(Mission Peak)을 오르다 마주치는 방울뱀(Rattlesnake)보다 더 싫어한다.

부모(父母)를 죽인 철천지 원수(徹天之怨讐)도 아닌데 이재명을 죽어라 싫어하는 이유가 있다. 내가 가장 존경하는 노무현 대통령에게 저주를 퍼부었던 '정의를 위하여' Twitterer에 대한 용서할 수없는 분노(憤怒)와 패륜(悖倫)잡범(雜犯)이 도지사(道知事)가 되어 설쳐대는 불합리(不合理)한 사회구조(社會構造)때문이다.

그리고, 희대(稀代)의 철면피(鐵面皮) 이재명 때문에 양심(良心)있는 시민(市民)들이 절망(絕望)을 하는 것도 싫다. 착한 사람들이 상처를 받으며 사는 것도 싫고, 이재명으로 인해 젊은이들이 기성세대(旣成世代)에 대해 혐오감(嫌惡感)을 갖는 것도 싫다.

법(法)을 어겼던 인간이 잘못을 뉘우치지 않는 뻔뻔함이 싫다. 생각 없이 내뱉는 싸가지 없는 말로 혼란(混亂)을 부추기는 것도 싫다. 6시 5분 전으로 삐딱하게 치켜드는 대가리도 보기 싫다. 후안무치(厚顏無恥)한 인간(人間)때문에 SNS에 욕설(辱說)을 쓰는 것도 싫고, 남은 생(生)이 길지 않은 내가 소중한 시간을 허비(虛費)하는 것도 싫다.

또라이 같은 인간이 평범한 사람들의 소박한 꿈을 짓밟고 있다. 비슷한 증상(症狀)을 가진 손가락 지랄단은 그를 옹호(擁護)하느라 말도 안 되는 궤변(詭辯)을 늘어놓고 있다. 이런 비상식적인 것들을 보고 있노라면 이재명이 미워질 때도 있다.

솔직히 말하면 그냥 미운 것이 아니라 식칼로 주둥이를 화~악 찢어 버리거나 타이핑(Typing)하는 손가락을 낙지탕탕이처럼 난도질을 하고 싶을 만큼 미워지기도 한다. '인간이 저렇게 뻔뻔할 수도 있구나. 인간이 저렇게 악마(惡魔)가 될 수도 있구나'라는 생각을 하면서…

선량(善良)한 사람들을 악(惡)한 사람으로 만들지 말고 이제 그만 민주당을 탈당(脫黨)했으면 한다. 그리되면 사회적 혼란(社會的混亂)과 갈등(葛藤)이 줄어들 것이다. 나 같은 사람도 폭주(暴酒)가 아닌 반주(飯酒)를 곁들여 식사를 하는 즐거운 일상(日常)으로 돌아갈 것이다. SNS에도 소소한 삶의 이야기를 담아 훨씬 더 다양하고 재미있게 소통(疏通)하는 장(場)을 만들 수 있을 것 같다.

대중(大衆)은 큰 욕심을 부리지 않는다. 그저 상식(常識)이 통하고 법(法)이 공평(公平)하게 집행(執行)되는 원칙(原則)있는 사회(社會)를 원하고 있다. 일개 도지사(道知事) 따위가 주권자(主權者)인 선량한 시민(市民)들을 고소(告訴)고발(告發)로 윽박지르는 사회가 아닌 위험할 때 보호해주고, 아쉬울 때 손을 내밀어 주고, 외로울 때 함께 해주는 그런 사회를 원한다는 얘기다.

나는 이재명과 손가락 지랄단을 죽도록 싫어하지만 나름대로 부단(不斷)하게 노력(努力)을 하는 것도 있다. 싫어하되 미워하지 않는 것이다. 인간이 인간을 미워하는 것은 죄(罪)가 될 수 있기 때문이다. 나는 오늘도 죄를 짓지 않기 위해 이들을 미워하지 않으려 노력(努力)을 하는 중이고, 내일도 모레도 계속해서 노력을 할 것이다.

(by 페이스북 Bob Lee 님)

이재명의 추진력의 실체

  '이재명, 한다면 합니다.' 이재명 지지자들과 이재명을 지지하는 당내외 좌적폐 인사들은 이재명에 대해 "(인성은 더러워도) 일은 잘한다" "한다면 한다"라고 말하며 일 잘하고 소신 있는 사람이라고 홍보를 하고 있다. 나는 이들의 말에 결코 동의하지 않는다. 아니 그와는 정반대로 인성이 더러울 뿐 아니라 일까지 못하며, 자신의 말을 손바닥 뒤집듯 뒤집는 소신 없는 기회주의 정치인이라고 생각한다. 하지만 이재명이 '한다면 한다'는 말은 일면 맞는 말이라 생각한다. 이재명은 자신의 이익을 위해서는 편집증적으로 매달리는 경향이 있다고 보기 때문이다. 이런 이재명이 편집증적으로 매달리는 듯한 '한다면 한다'에 대해 몇 가지를 얘기하고자 한다.

1. 이재명은 자신에 대한 비판을 막는 일을 전력을 경주해 해내고 있는 듯하다.

• 성남시장시절 자신을 비판하는 친형 이재선을 자신 정치 행보의

걸림돌로 생각해 정신병원에 감금 시도를 했었다.(검찰논고)
- 성남시장 시절 자신을 비판하는 수많은 민원인들을 고소·고발해 그들의 입에 재갈을 물리려했다는 의혹을 받고 있다.

2. 자신의 정치적 미래를 위해 자신의 돈이 아닌 혈세를 펑펑 쏟아부으며 자신홍보에 매진하고 있는 듯하다.

- 이재명은 성남시장 시절 자신 홍보에 어마어마한 혈세를 쏟아부었다.
- 이재명은 마치 대선 준비 전초전을 벌이는 듯 도지사 취임 관련해 자신이 도지사에 취임한다는 소식을 중앙지와 지방지에 대대적으로 홍보했었다.
- 이재명은 대선운동을 하듯 타임지와 CNN에 수억의 혈세를 들여 자신 이미지 홍보를 했었다.

3. 이재명은 자신만의 아방궁(?) 확보 계획을 기어코 달성했다.

- 이재명은 도지사에 취임하자마자 "아내가 밥하는 것을 힘들어 한다"며 남경필이 도민을 위한 문화공간으로 돌려주었던 굿모닝하우스를 도민으로부터 강탈해(?) 관사로 사용할 계획을 간보다 반대 여론에 밀려 그 계획을 취소하는 듯한 발언을 하기도 했었다. 그러나 이후, 연말이 다 되어 굿모닝하우스의 적자운영을 빌미로 도민으로부터 이를 강탈해 리모델링을 한 후, 초호화 비품을 입고시키며 2019년 초 굿모닝하우스를 자신만의 아방궁(?)으로 만들었다.

4. 자신의 정책에 반대 의견을 내는 사람들에 대해 자신의 권세를 이용해 겁박하고 있다.

- 이재명은 재난지원금 지급시 지역상품권으로 지급하라는 경기도의 지시와 달리 현금으로 지급했던 수원과 남양주시에 대해 특교금 지급을 하지 않았다. 그리고 남양주시에 대해서는 작년 11번의 도정감사를 하며 행정보복이란 이야기를 들었다.
- 이재명은 경기도의 재난지원금 지급시 보편지급을 하겠다는 자신의 말에 대해 선별지급이 더 효과적이란 의견을 내었던 부천시장에 대해 경기도의 재난지원금을 부천시에는 주지 않는 것을 검토하겠다고 겁박했었다.

5. 이재명은 자신의 정책을 비판하는 사람은 누구든 상관없이 상식에도 맞지 않게 무차별적으로 공격하고 있다.

- 이재명은 자신이 대선 어젠더로 밀고 있는 것 같은 보편지급 논리를 지키기 위해 재난지원금 지급시 한정된 재원으로는 선별지급을 하는 것이 효율적이라고 말하는 홍남기 부총리를 시도때도 없이 비판하고 있다. KDI 자료나 IMF에서도 선별지급이 더 효과적이라고 말하고 있는데도 말이다.
- 이재명은 어떤 정책이 입안되는 과정에서는 치열하게 논쟁하고 결정이 되면 그것에 따라야 한다고 했다. 하지만 2차 재난지원금이 자신의 뜻과 달리 선별지급으로 결정되자 자신의 말을 뒤집고 정부 여당을 향해 저주 섞인 악담을 퍼부었다.
- 이재명은 얼마 전 재난지원금 지급시 지역상품권보다 현금 지급이

더 효과적이라는 연구 결과를 발표했던 조세연에 대해 '얼빠진 놈' '엄중 문책하라'는 등 주제넘게 막말을 쏟아내며 조세원 연구원을 맹비난했었다.

6. 이재명은 도 재정 부족을 이유로 지자체 중 유일하게 버스비를 인상했었다.

• 이재명은 버스기사들의 주52시간 근무라는 예견된 버스노조 파업 관련해 아무런 대비책을 세우지 않고 있다가 버스노조 파업이 현실화되자 서울시에 버스요금 공동 인상을 제안했었다. 이에 대해 미리 대비책을 세워놓았던 서울시가 버스비 공동인상에 반대하자 결국 전국 지자체 중 유일하게 버스비 인상을 해버렸다. 이재명은 자신의 무능으로 발생한 버스노조 파업을 잠재우기 위해 버스비 인상으로 도민들에게 부담을 주며 버스노조 파업을 막은 셈이 되었다. 이처럼 자신의 의견에 대해 편집증적 증세를 보이는 듯하며, 자신의 말을 손바닥 뒤집듯 뒤집고, 독재자의 모습을 보이는 이재명이 일은 잘하고 소신 있는 사람이라니 지나가던 개가 웃을 일이다.

(by 페이스북 문상조 님)

뻐꾸기 새끼

민주당 소속인 이재명 지사는 현 정권의 레임덕을 부추기는 더러운 행보를 그만하라는 많은 분들의 지적과 주장들에 의구심을 갖는 이들이 있는데,

현 집권여당인 민주당의 대권주자인 이 지사는 이낙연 전 당대표와 민주당의 투톱 대선 주자이다. 양강 체제라는 것이다. 이낙연이 없다면 쉽게 민주당 대권 주자로 우뚝 설 것이란 착각에 빠진 나머지 이재명은 현 정부 초대 총리와 당대표로 장기간 문재인 대통령의 국정동반자였던 이낙연 전 총리를 까내리기 위해 현 정부의 실정을 부각시키는 동시에 그를 통한 차별화 전략으로 지지층을 끌어 모으는 방법을 구사하고 있다. 그렇기 때문에 문재인 대통령에 대한 지지도가 높을수록 자신에게 유리하지 않다는 판단하에 사사건건 현 정부와 대립각을 세우면서 정부 정책들과는 역행하는, 자신이 내놓는 정책들이 최고라는 듯이 지지층을 선동하면서 레임덕을 부추기며 대통령의 지지율을 떨

어트리는 데 혈안이 되어 있는 것이다. 이에 관한 가장 큰 실례로 틈만 나면 현 정부의 경제 수장인 홍남기 경제부총리를 흔들어 대며 야당보다 더욱 심하게 홍남기 죽이기에 앞장서고 있다는 점들을 보면 된다.

과거 지난했던 민주당의 야당 시절 당시 김대중 총재에게 발탁되어 민주당 내에서 국회의원과 민선 전남 도지사를 지내며 산전수전을 다 겪은 정통 민주당 적자인 이낙연과는 달리 이지사의 과거 행적은 오리무중인 게 사실이다. 그는 사법시험 합격 이후 인권변호사를 지향하며 성남에서 활동을 해왔다고 밝히고 있으나 그 행적들이 석연치도 않다.

이재명의 주변에는 재야 시민운동가들로 변신한 과거 NL과 PD 운동권 세력들이 있는데, 그 세력들은 과거 민노당과 통진당의 보이지 않는 주력이었던 소위 오렌지들이다. 이들은 현재에도 정의당 내에서도 일부 지분을 가지고 장막 뒤에 숨어서 그 세를 과시하고 있다고 본다. 그리고 이재명은 그 세력들 중 가장 악질적인 경기동부세력들이 자신들의 집권을 위해 정통 야당이자 유일한 수권 가능 야당이었던 민주당에 탁란 양육을 시킨 뻐꾸기 새끼라고 판단된다. 이는 즉 그 보이지 않는 세력들의 숙주이자 정통 민주당의 파괴 앞잡이라는 것이다.

이재명을 신처럼 떠받들고 지지하는 세력들의 대부분은 민주당 밖의 보이지 않는 세력들과 그 추종자들이다. 민주당 내 역학구도상 이재명 세력의 절대 열세를 만회하기 위해서는 외부 세력들을 결집해서 각 여론조사 기관들의 대선 후보 지지도를 유지해야만이 투톱 경쟁자인 이낙연은 물론 당내 여타 경선 주자들과 경쟁을 할 수 있다. 그렇기 때문에 이재명을 구심점으로 하는 그 세력들은 현 정권을 흔들어 대며 반 문재인, 반민주당 정서를 지닌 세력들을 규합하고 있는 것이다.

그에 관한 일례로 노동자를 대변한다는 민노총은 현 정부와 첨예하게 각을 세우면서 이낙연 캠프나 박영선 서울시장 후보 캠프에 가서는 점거 농성을 벌이면서도 이재명 캠프나 도청, 관사에는 단 한번도 나타나지 않았다. 그 이유는 분명하다.

이처럼 더불어 민주당 당원이자 집권 민주당 소속 자치단체장인 이재명이 현 정권과 소속 정당의 정책들과 노선에 사사건건 정면 비판하고 대립하며 각을 세우고 있는 자체는 선당후사가 기본인 정당인으로서 기본 소양도 망각한 작태이다. 따라서 이러한 악질적인 해당행위들은 당헌 당규에 의해 당기위원회를 통한 출당이나 당원권 제한 등 강력한 제재 대상이지 당내 대선 경선 후보로 언급되는 것조차도 언어도단이다.

(by 페이스북 김민주 님)

떳떳한 후보여야 한다

그간 각종 선거에 있어서 중앙당 차원에서 그 후보들의 자질들을 제대로 검증하지 않은 채 당선자 숫자만 늘이기 위해 비윤리적 비도덕적 비위 불법범법자들까지 천연덕스럽게 후보로 내세웠던 건 흔한 일이었다, 그리고 이러한 공천 구태가 우리 국민들로 하여금 정치 혐오와 불신을 갖게 했으며, 정치인들이 우리 국민들을 우민(愚民)화시키는 도구였음을 부정할 수 없을 것이다. 이 점을 민주당은 철저히 유념하여 내년 대선과 지선에 임해야 될 것이다.

그나마 총선이나 지선 같은 동시 선거에서는 분위기에 편승해 어느 정도 묻혀 갈 수 있었지만 대선판 같은 정권 자체가 오가는 초대형 선거에서는 절대 묻힐 수 없는 게 후보 자질 검증이다. 이재명은 지난 지선 때 경기 도지사직에 도전하며 중앙당 차원의 후보 검증에서 만점을 맞았다며 본인에 대한 검증을 외부적으로는 자신을 하고 있지만, 이는 당사자는 물론 당시 민주당 후보 검증위원들과 당 핵심 관계자들 모두에게 낯부끄러운 일이었을 것이다.

　도덕성이라곤 전혀 없는 자가 대선판에 등장하는 순간 지난 지선 때 미처 드러나지 않았던 온갖 치부들과 비리 연루자료들이 만천하에 공개되어 당사자인 이재명은 물론 그런 자를 후보로 낸 민주당까지 역풍을 맞을 게 불 보듯 뻔하다. 그래서 대선은 물론 내년 지방선거마저 대폭망 하여 민주당은 끝내 정권연장은 물론 당 간판마저 내리게 되는 자멸의 길을 걸을 게 너무나 자명하다.

　민주당이 자랑하는(?) 고 노무현대통령님은 지난 2002년 제주 경선 연설에서 말씀하셨다.

　"민주당은 반드시 승리해야 합니다. 승리할 수 있는 후보여야 합니다. 어느 당 후보인지 헷갈리는 사람 내놓으면 민주당 지지자들이 표를 모아줄 리가 없습니다. 떳떳한 후보여야만 합니다. TV 토론에 나와 가지고 상대방의 공격을 받고 어물쩡하고 눈 꿈뻑꿈뻑하고 두리번두리번만 하면 표 다 깨집니다."

　(by 페이스북 김민주 님)

'털이당빠' 탈출은 지능순

털이당빠탈출 초보과정! 당빠들 꼭 읽어 보길...

제 페친중에 몇 분 계신 당빠분들도 꼭 읽으시길! 좀 길지만, 왜 민주당과 이해찬 그리고 이재명을 욕하는지 이해가 잘 안되면 5번 읽기를 권함.(농담 아님) 저도 한때 모지리 털빠, 찢빠 그리고 이해찬 당대표 찍은 당빠로 지금 무진장 속죄하며 살고있는 털이당 탈출자이다.(수십번을 공개사과했지만 죽는 날까지 속죄해도 부족하다) 여러분 정말 죄송합니다.

[질문1] 왜 민주당 당원이 당대표와 당소속 자치단체장을 비판하느라 안달일까?

[질문2] 문재인 대통령님 지지자라면 여당인 민주당을 지지해야하는 것이 아닌가?

[답변] 이재명의 코어 지지층의 구성은 오래 전 학생운동, 노동운동, 민주화운동을 했던 운동권 출신들로 대부분 NL이며, 정치권에 붙어서 현재 민주주의의 지분이 있다며 노골적으로 한자리 차지하거나 이권을 노리는 정치기생충이다. 대중 선동에 특화된 이들은 각종 시민단체와 지역언론사(찌라시)를 만들어 정치권, 자치단체, 대기업 그리고 국민들을 대상으로 한 '앵벌이'와 협박으로 연명하고 있다. NL은 민주노동당(권영길 노회찬)을 날로 먹으려다 통진당(NL)과 정의당(PD)으로 당을 해체시켰고 이후 통진당은 완전히 사라졌다. 그러나 그 세력이 사라진 건 아니다, 이들은 권력창출을 위해 선거철에는 이념과 관계 없이 조직력을 무기로 정당에 딜을 하기도 하는데, 여기에 같이 부화뇌동하는 민주당 인사들은 항상 있어왔다.

정동영이 대선에서 패배한 후 민중당을 만들거나 민주당에 잠입한 운동권 핵심 세력들은 민주당의 순수한 당원들을 특화된 선동정치로 포섭하기 시작한다. 그리고 차기 대선에서 권력을 잡으면 분배를 해줄 확실한 적임자 이재명을 앞세운다. 이때 손가락혁명단(손가혁)을 결성한다. 손가혁(경기동부, 민노총 민평련 등)은 민주당 대선 경선에서 오렌지색을 입고 이재명의 인지도와 당내입지를 높이려 토착왜구당보다 더 잔인하고 비열하게 여론조사 결과 민주당내 1위인 문재인 후보를 근거 없는 흑색선전과 거짓말로 공격한다. (잘 들어 털이당들! 이때부터 지금까지 이재명 핵심지지층은 문재인 대통령을 단 한 번도 지지한 적이 없고 적폐와 함께 문 대통령과 정부, 청와대를 공격하고 있다!) 그런 이재명과, 그를 당의 소중한 자산이라며 불공평한 척도로 보호하는 당대표를 정당하게 비판하는 것을 내부총질이라 하는 논리와 그 선동질에 놀아나는 순진한 당원들을 보면 한숨만 나온다.

이해찬은 문 대통령이 민주당 당대표 때 투명한 공천을 위해 만든 공천시스템에 의해 후보에서 탈락하자 이에 앙심을 품고 무소속으로 출마, 세종에서 당선된 후 당에 복귀해 칼을 간다. 이후 당내 세력 확장을 위해 이재명의 지지세력인 NL과 결탁하고 노무현재단 이사장 경력까지 팔아가며 당대표에 당선되었다. 그러나 정부에 협조하기는커녕 공공연히 정부와 청와대를 공격하며 '상왕정치'를 하려고 하고 있다. 당대표인 인물이 정말 한심한 사심정치를 하고 있는 것이다.

당을 위하는 것이 정부와 청와대를 위하는 것이란 말은 정상적인 상황에서는 맞는 말이지만 현재는 당을 위하면 문 대통령을 공격하는 내부 적의 세력만 돕는 일이 된다. 민주당내 털이당빠는 14~16%정도로 추정된다.(당내 여러 설문조사의 결과) 그런데 체감은 70% 내외인 이유는 특화된 선동정치와 그에 선동된 순진한 당원들이 많기 때문이다.

'털이당빠' 탈출은 지능순이라고 하는 이유도 이 때문이다. 그냥 봐도 토착왜구들은 보이는대로 때려잡으면 되지만 권력을 위해 거짓 선동을 일삼으며 결과는 없이 입으로만 정치하는 구좌파, 좌적폐(대표적인 NL계, '털이당빠')는 숨어 있으면 알 수가 없어서 언제 또 노무현 대통령 때처럼 등뒤에서 칼을 꼽을지 모르기에 더 위험하다. 단 한번도 문 대통령을 지지한 적 없는 세력, 현재도 청와대와 정부를 비난하고 모략질하는 세력, 권력을 다시 특권층, 기득권을 위해 사용할 위험한 세력, 적폐를 몰아낼 것 처럼 선동하지만 스스로가 또 다른 적폐인 세력! 그중심에 이재명, 이해찬 그리고 선동꾼 음모론자 김어준이 있는 것이다.

현재 상당부분 순진한 당원들 덕분에 민주당은 오렌지당으로 물들었고 당대표의 비호 아래 초선을 중심으로 한 의원들 보좌진, 정당사무실에 NL출신들이 박혀 있으며 시민단체와 지역 '찌라시'와 끈끈하게 연대하고 있다. 이런 상황이니 누구하나 선뜻 나서서 당대표나 이재명을 비토할 수 없는 시스템이다. '털이당빠' 핵심 세력은 권력과 돈에 미친 자들이고 대중을 선동, 이용하여 자신들의 세력을 확장하고 그로 인한 양분을 빨아먹는 기생충들이다.

(페이스북에서 발췌)

신뢰할 수 없는 인간

　어떤 사람에 대한 신뢰는 특정 사실을 있는 그대로 이야기하고, 자신이 했던 말에 대해 최선을 다해 그것을 지키려고 할 때 생기는 것이다. 문재인 대통령이 많은 국민으로부터 신뢰를 받는 것은 이에 부합되는 행동을 하기 때문이라 생각된다.

　이러한 관점에서 이재명은 과연 신뢰할 수 있는 사람일까? 결론부터 말하자면 이재명은 전혀 신뢰할 수 없는 인간이라는 것이다. 이재명은 자신의 신상에 관한 객관적인 사실조차 타인들로 하여금 의혹을 품지 않을 수 없게 하고 있다.

　이재명은 자신의 부친에 대해 어떤 때는 도박으로 가산을 탕진했으며 가족을 돌보지 않은 무책임한 사람으로 묘사했고, 어떤 때는 평생 공직에 몸담았으며 남의 것을 탐하지 않았던 사람이라고 했던 것으로 알려지고 있다. 그리고 이재명은 자신이 왼팔장애가 있다고 한 적이 있다. 왼쪽 손목 부위 관절이 거의 망가져 근육에 의해 손이 팔과 연결되어있는 것이나 별반 차이가 없다고 했던 것이다. 이런 이재명이 왼

손만으로 무거운 해머를 들고 있는 사진을 공개했었다. 과연 이게 가능한 것인가 의문이 생기지 않을 수 없다. 이처럼 이재명은 자신 신상의 객관적인 사실에 대해서조차 의문을 갖게 하고 있다.

이재명은 2017년 민주당 대선후보 당내경선 당시 문재인 후보의 가덕도 신공항 공약에 대해"표를 얻기 위해 실현 불가능한 약속을 하고, 지역주민간의 갈등을 초래하고, 무엇이든 다해주겠다는 이런 태도로는 정치발전도 국가발전도 있을 수 없습니다. 이 신공항이 대표적인 사례입니다."라고 비난했었다. 이랬던 이재명이 얼마 전 가덕도신공항 특별법이 민주당 발의로 통과되자 가슴이 뛴다며 가덕도 신공항 건설에 숟가락을 올렸다. 이처럼 이재명은 가덕도 신공항 건설이라는 하나의 어젠더를 두고 완전히 상반된 이야기를 하고 있는 것이다.

이재명은 지난 9월 2차 재난지원금 지급시 당정의 선별지급 추진과는 달리 국민 모두에게 균등지급을 주장하다 민주당 소속 지자체장이면서 왜 당정의 의견에 한사코 반대하느냐는 비판을 의식해서인지 "논의과정에서는 차열하게 토론하고 결정이 되면 따라야 한다"고 했다. 하지만 재난지원금이 선별지급으로 확정되자 정부와 민주당을 향해 "분열에 따른 갈등과 혼란, 배제에 의한 소외감, 문재인 정부와 민주당, 나아가 국가와 공동체에 대한 원망과 배신감이 불길처럼 퍼져가는 것이 제 눈에 뚜렷이 보인다"며 저주 섞인 악담을 퍼부었다. 이재명은 며칠 전 자신이 했던 '결정이 되면 따라야 한다'는 말을 뒤집고 당정을 극렬 비난했던 것이다.

자신의 신상에 대한 기본적인 사실에서조차 의문을 갖지 않을 수 없게 하며, 가덕도신공항에서 보듯 자신의 정치적 유불리에 따라 말을 180도로 바꾸고, 재난지원금 예에서 보듯 자신의 의지만으로도 100% 지킬 수 있는 자신의 말을 완전 뒤집는 걸 보면 이재명이란 인간은 신뢰할 수 없는 인간임에 틀림없다. 이런 신뢰할 수 없는 이재명, 민주당 대선후보가 되어서는 절대로 안 될 것이라고 생각한다.

(by 페이스북 문상조 님)

이재명 선택은 정권교체(!)

민주당내 소위 초적 5인방을 비롯한 자들이 서울과 부산시장 보선 참패 원인이 조국 전 장관에 있다는 망언을 한 것은 현 정권 출범 자체, 그리고 개혁을 최우선 과제로 삼아야 될 민주당의 존립 자체를 흔들고 부정하는 대단히 엄중한 사안이다. 만일 그들이 주장하는 것처럼 다수의 민주당 소속 의원들이 그에 동조하고 있다면 민주당은 집권당으로서의 기득권을 내려놓고 당 해체는 물론 국회해산에 버금가는 특단의 조치로 국민의 재심판을 받아야 마땅하다.

또한 자파 소속 의원들을 통해 이러한 추악한 사태를 기획 획책하여 당청 이간과 당을 위기에 빠트리고 있는 이재명은 더 이상 더러운 짓거리 집어치우고 동조 세력들을 데리고 탈당하여야 한다. 이미 선거 전에 자가당착에 빠져 LH사태를 터트려 이낙연 당대표 체재의 보선 패배를 획책했음도 분명하지 않은가.

그런데 이재명은 탈당은커녕 오히려 어떤 식으로든 민주당 후보가 되려 할 것이다. 민주당원들의 현명한 선택이 더욱더 절실히 필요한 시점이다. 정권연장이냐 정권교체냐는 순수 민주당 당원들의 현명한 선택으로 공명정대하게 결정되어져야 한다. 당원들은 이재명 스스로가 민주당 정권 연장이 아니라 정권 교체라고 천명했던 점을 명심해야된다. 그것은 즉, 만에 하나라도 이재명이 대선에 성공한다면 현 문재인 정부의 연장선이 아니라 자신만의 정권으로서 그 언제든 전 정권에 칼을 휘두를 수 있다고 밝힌 것과 마찬가지이다. 문재인 대통령을 적극 지지한다면서도 그 문재인의 등에 언제든 칼을 꽂을 수 있는 이재명을 지지한다는 바보 같은 짓들은 절대 하지 말아야 될 것이다.

(정상적이고 공정한 경선이라면 이재명은 절대로 통과하지 못할 것이다. 또 어떤 부정한 방법을 저지를지 모른다, 그거까지 저지하는 게 당원들의 몫이다.)

(by 페이스북 김민주 님)

이재명을 위해 스펙트럼을 포기한 민주당

　스펙트럼이 다양하다는 것은 태양빛이 프리즘을 통하면 여러가지 색상으로 변하고 연속 스펙트럼으로 인해 우리 눈에 미처 다 형용할 수 없는 온갖 색상들로 비추는 걸 말한다. 그래서 우리는 흔히 지식의 폭과 깊이가 광범위할 때 스펙트럼이 넓다, 다양하다고 표현을 한다. 이 말은 사회생활을 폭넓게 하는 사람들이나 사회 다층의 목소리들을 다각도로 경청해야 되는 정치인들에게 필수 불가결한 덕목이기도 하다. 그런데 자신의 귀에 감미롭고 입에 달콤한 것들만 수용하고 듣기 싫은 소리나 쓴 약들은 마치 사약이나 되는 듯 배척하고 귀 막고 눈을 감아버린다면 그것은 결코 스펙트럼이 다양하다고 할 수 없으며, 사회 각 계층들의 목소리들을 아우르고 포용해야 될 정치인으로서는 기본 자질이 없다는 것을 말한다. 비록 쓴소리일망정 경청하지 못하는 자는 간신들만 편애하는 스타일로서, 위정자로서는 절대 자격미달이다. 그의 정치 역시 말로는 달콤한 꿀을 흘리는 것처럼 하면서 그 언제 칼날을 들이댈지 모르는 구밀복검(口蜜腹劍)이 될 수밖에 없다. 이는 망국의 지름길이다.

강성당원 천 명만 차단하면 조용하다는 이재명, 민주당을 향해 부단히 올바른 목소리를 낸 당원들을 징계하고 압박하는 민주당의 행태('더불어제약'이나 이재명의 핵심 대선정책인 기본소득론에 대하여 정면 비판을 한 이상이 교수 등 상당수의 당원들을 해당 행위자로 몰아 당 윤리위원회에 회부, 특별한 사유도 없이 당적 박탈과 온갖 제재를 획책, 그리고 당원들의 목소리조차 듣기 싫어 당원들의 게시물 제약 등등)는 스펙트럼이 넓어야 할 민주 체제하의 정치인이나 정당이라고 도저히 할 수 없을 정도이다. 민주당 당대표였던 이해찬이 언급했던 것처럼 이재명이 그 얼마나 민주당의 '소중한 자산'인지는 모르겠으나, 그 한명만을 위해 그 당의 존립과 지지 기반인 당원들의 목소리들까지 탄압하고 억압한다면 그들이 비당원인 일반 국민들을 그 어찌 바라보고 있을지는 너무나 뻔한 게 아닌가? 당 이름에 '민주'를 넣을 자격이 있는가?

　　'너희가 우리 아니면 누굴 찍어' 하던 시절은 끝났다. 국민들의 눈에는 국힘이나 민주당이나 똑같이 타락하고 추악하고 무능한 붕당에 불과할 뿐이며, 이재명이 같은 구밀복검 추악한 자를 '당소자'라고 선거판에 내놓고 윤석열 따위와 비교 우위하는 짓거리는 국민을 개돼지로밖에는 안 보는 작태이기에 국민들 역시 국힘이나 민주당이나 개돼지 집단으로 밖에는 안 보는 것이다. 결국 지금의 민주당은 이재명이란 귀태(鬼胎)에 함몰되어 미래를 향한 연속 스펙트럼은 고사하고 어둠 속에서 썩어 고인 채로 자멸의 길을 걷고 있다고 볼 수밖에 없다.
　　(by 페이스북 김민주 님)

뻐꾸기 새끼 2

옛말에 절이 싫으면 중이 떠나란 말이 있다. 절이 떠날 수는 없기 때문이다. 우리 모든 사회 구조가 그렇다. 그 어떤 조직 구성이든 그 조직의 성립과 형성의 목적이 있고, 조직구성원들은 그 목적에 걸맞게 일체감을 갖고 의식과 행동을 통일해야 된다. 사회를 지탱하고 움직이는 중대한 정치 결사체인 정당 역시 마찬가지다. 자신의 정치색과 합당하다는 판단으로 스스로 결정해 입당한 정당의 정책이나 정체성과 동떨어진 다른 정책들과 주장들만 고집하면서 나만이 맞다고 계속 억지를 부리며 조직 내 분열과 갈등만 촉발시키고 있다면 더 이상 소속 정당 구성원으로의 자격이 없는 것이다. 이는 곧 다른 새둥지에서 자라면서 자신을 먹여주고 키워준 어미새의 새끼들까지 죽여 버리는 뻐꾸기의 만행과 다를 게 무언가?

이재명은 당초부터 민주당과 결코 맞지 않는 뻐꾸기 새끼였으니 더 이상 어미새와 새끼들을 괴롭히지 말고 자기 정체성에 맞게 둥지를 떠

나라! 입만 열면 조변석개 조삼모사식으로 말이 자꾸 바뀌고 거짓말만
일삼으며 대국민 사기쇼나 벌이고 있는 제2의 이명박 독불장군 이재명
은 나가라! 민주당 둥지에서 더 이상 해당행위질과 대통령 등 뒤에 칼
꽂는 역적질 그만 하고 나가라! 대통령이 되든, 뭐가 되든 나가라! 오
렌지부대 이끌고 꺼져라!!

(by 페이스북 김민주 님)

이재명 지지자들의 네거티브

진정한 이재명 지지자라면 생각들 좀 하고 살기 바란다! 과거 17대 대통령 선거 당시 집권당 대표로 대선에 나갔던 정동영이 천문학적인 선거자금을 퍼붓고도 이회창이 표를 갉아먹어 준 이명박에게 그 절반도 안되는 고작 617만표 득표로 대참패를 당했던 교훈, 그리고 지난 지선 때 경기도지사는 현 도지사인 이재명이 아닌 '기권표' 씨가 1등이었다는 사실을!

(그리고 이재명 본인도 생각해야 할 것이다. 어느 당 후보인지 그 정체성도 모호하고 운명 공동체인 정부와 청와대를 향해서도 사사건건 각을 세우고, 정권 연장이 아닌 '정권 교체'의 기치를 들고 있는 후보에게 표몰이를 해줄 당원들이나 어리석은 유권자들은 그리 많지 않다는 사실과 현재의 지지율은 사상누각임을…)

과거의 사실이 말해주는 것은 정동영, 그리고 이재명은 확장성이 전혀 없다는 것이다. 그럼에도 이재명 지지자들은 아쉬울 때만 어김없이 찾는 그 '원팀 정신'조차도 망각한 채 민주당내 상대 경쟁자를 향해 끊임없이 실체도 없는 네거티브와 날조 비방을 내뱉고 있다. 이것은 없는 확장성을 더 없애는 것임은 물론 자신들의 수준이 시궁창 밖에 안 되는 것임을 자인하는 꼴이다. 당연히 그 주군(?)에게도 결코 도움이 되지 않는 일이다.

이는 결국 지난 대선 민주당 당내 경선결과 발표 순간 안철수를 연호하며 집단 퇴장하던 이재명 지지자들의 수준에서 개선 개량된 점이 전혀 없이 더 밑바닥인 것을 보여주는 것이며, 어떻게 보면 역설적으로 자신들이 떠받들고 지지하는 주군을 절대 뽑지 말라는 집단 아우성으로 비춰지기도 한다. 그 뜻(?)에 따라 절대 뽑지 않겠다.

(by 페이스북 김민주 님)

인사청문회도 없이
내 사람 꽂기

　적폐란 사전적 의미로는 '오랫동안 쌓여 온 폐단'이고, 현실적으로는 만연된 부정·부패, 부조리, 갑질, 지연·학연·혈연 우선주의, 패거리정치 등 건전한 사회에서 있어서는 안될 사회악적인 모든 것을 뜻한다고 본다. 이재명은 형수를 향한 쌍욕, 자신에게 비판적인 시민들을 고소·고발해 재갈을 물리는 권력갑질, 조폭과의 연루 의혹 등 정상적인 사회에서 있어서는 안될 온갖 부도덕한 일에 연루된 의혹을 받고 있는 자로서 우리 사회를 바로세우기 위해서는 반드시 척결되어야 할 적폐적 인물임에는 틀림없는 것 같다.

　이런 이재명이, 경기도 산하 공공기관장의 도덕성과 자질을 검증하기 위해, 산하 모든 공공기관에 대해 기관장 임명 전 인사청문회를 개최하자는 도의회의 요청에 한달째 묵묵부답이다. 그렇게 침묵하면서 이재명은 자신의 측근들을 인사청문회도 거치지 않고 산하 공공기관장에 임명하고 있다. 이해찬의 최측근이며 자신의 측근인 이우종을 경기도문화의전당 사장에 임명했고, 경기도지사직 인수위원회 공동위원 장을 지냈던 이한주를 경기연구원장에, 그리고 측근인 유동규를 경기 도 관광공사 사장에 임명했다. 도의회의 인사청문회 개최 요구를 무시 하는 것으로 보아 앞으로도 또 다른 공공기관장에 인사청문회를 거치 지 않고 측근들을 임명할 것으로 보인다.

아무래도 인사청문회를 개최할 경우 자신이 산하 공공기관장에 임 명하려는 측근들이 이 인사청문회를 통과하기 어려울 만큼 도덕적으 로나 자질 면에서 문제가 많기 때문이 아닌가 한다. 자신처럼 말이다. (이재명은 인사청문회를 거쳐야 하는 임명직은 죽었다 깨나도 할 수 없다.)

촛불혁명으로 박근혜정권을 무너뜨리고, 문재인 정부가 들어서 촛 불정신을 계승해 적폐청산에 매진하고 있는 현 시점에 인사청문회도 통과하지 못할 것 같은 부적절한 측근을, 우리 사회에 상당한 영향력 을 행사할 수 있는 경기도 산하 공공기관장에 앉히고 있는 이재명. 이 재명의 이러한 행동은 사회 부조리를 확대 재생산하는 적폐적 작태임 에 틀림 없다. 사회부조리 척결과 적폐청산을 위해서라도 반드시 퇴출 시켜야 한다.

(by 페이스북 문상조 님)

공무원을 동원한 댓글 조작

　이명박 정부 시절 이명박이 자신의 퇴임 후 신변 안전을 도모할 목적(?)으로 박근혜 당선을 돕기 위해 국정원, 국방부, 경찰 조직 등 공권력을 동원해 댓글작업을 벌였던 사실이 밝혀지며 여론의 공분을 샀었다. 이 댓글 작업과 관련해 이명박 정부 국정원장이었던 원세훈은 유죄 확정 판결을 받았고, 기무사 현역 군인 2명이 구속 되는 등 더딘 검찰의 수사에도 여론조작이란 잘못에 대한 어느 정도의 응징이 이루어지고 있다. 그리고 용산참사의 주역인 조현오 전 경찰청장에 대해서도 경찰 조직을 이용한 여론조작 관련 혐의로 현재 검찰 조사가 진행 중이다.

　얼마 전 이재명이 성남시장 시절 성남시 공무원을 상대로 대시민 여론 조작을 위한 댓글작업을 지시했다는 혐의로 3년 전쯤 고발되어 수사가 진행 중이란 사실을 인터넷을 통해 알게 되었다. 또한 고발이 된지 3년이 다 되어가는데 경찰의 수사가 지지부진하고 마치 경찰이 공소시효가 지나가기만을 기다리는 것 같다는 야당의 성토가 있다는 것도 알게 되었다. 바른미래당은 이와 관련해 수원지검 성남지청 검사들을 직권남용과 직무유기 혐의로 무더기로 고발했고, 댓글작업에 관여했던 성남시 공무원 1000명에 대해서도 고발했었다. 이처럼 이재명의 성남시 공무원을 동원한 댓글작업에 대한 수사가 이루어지지 않고 있는 것에 대해 도저히 상식적으로 이해할 수 없다.

댓글작업 수사만이 아니다 혜경궁 김씨 수사 건 등 이재명에 관련된 수사는 그 이유는 알 수 없지만 어느 하나 제대로 이루어지는 것이 없다. 우리 사회는 권력층이 관련된 중요한 사건이 제대로 수사가 이루어지지 않는 경우, 권력의 눈치를 볼 필요가 없는 특검을 통해 그 사건의 실체를 밝히고 피의자에게 그에 상응하는 죗값을 치르게 하고 있다. 지금 문제가 되고 있는 이재명의 공무원을 동원한 댓글작업은, 이명박 시절 공권력을 이용한 댓글작업처럼 국가기강을 흔드는 중대한 사안으로 반드시 진상이 규명되고 그 주모자에게 응분의 대가를 치르게 해야 하는 게 당연하다.

그러나 이 사건은 수사 자체가 잘 이루어지지 않아 더 이상 검찰에게 수사를 맡기는 것은 공소시효를 넘겨 면죄부만 줄 뿐이란 생각이 든다. 이런 이유로 이재명의 성남시 공무원을 동원한 댓글작업 사건은 그 실체를 밝히고 그에 상응한 죗값을 치르게 하기 위해 반드시 특검을 도입해야 한다고 생각한다.

(by 페이스북 문상조 님)

이재명의 불법비리를
눈감아주는 검찰

이재명이 연루된 불법비리와 관련해 검찰이 수사했던 것이 8건에 달한다. 그것은 '친형정신병원 강제입원 시도 건', '검사 사칭 건', '대장동 개발 허위사실 유포 건', '김부선 스캔들 건', '일베 가입 건', '조폭 연루 건', '혜경궁 김씨 건' '공무원동원 사전선거운동 건'이다. 그리고 검찰이 지난 12월11일 마침내 수사 결과를 발표했다. 검찰은 이 발표에서 '친형정신병원 강제입원 시도 건' '검사 사칭 건' '대장동 개발 허위사실 유포 건' 등 3건에 대해서는 기소하고, '김부선 스캔들 건' '일베 가입 건' '조폭연루 건'은 불기소하며 '혜경궁 김씨 건'은 기소중지한다고 했다.

검찰의 발표를 보면 일단 어디에도 '공무원 동원 사전선거운동 건'은 보이지 않는다. 감쪽같이 사라진 것이다. 예전에 법률뉴스는 "(10월)23일 수원지방검찰청 성남지청 관계자는 '정확한 타이밍은 말할 수 없지만 11월초쯤 이재명 지사의 사전선거운동 혐의 수사에 대한 결론이 나올 것 같다'며 '이 지사의 공직선거법 위반 혐의의 공소시효인 12월 13일안에 사건을 무조건 처리할 계획'이라고 밝혔다."고 보도했었다. 이재명의 '공무원동원 사전선거운동 건'은 2015년 11월 성남시

중원구 선관위가, 이재명이 시청 공무원들을 대거 동원해 SNS를 통해 자신의 업적을 홍보하게 했던 것을 사안이 중대하다고 판단해, 수원지검 성남지청에 수사 의뢰했던 것이다. 그러나 선관위로부터 사건을 넘겨받은 수원지방검찰청 성남지청이 3년 가까이 이 사건에 대해 침묵으로 일관하다, 침묵을 깨고 이 사건에 대한 자신들의 입장을 이처럼 밝혔던 것이다. 하지만 지난 12월11일 검찰의 발표에는, 자신들이 무조건 끝내겠다던, 이 사건은 사라지고 보이지 않는다.

'혜경궁 김씨 건'을 기소중지한 것도 문제다. '혜경궁김씨 건'은 김혜경 것으로 알려진 계정의 접속지 70%가 이재명 집무실이란 것이 밝혀졌는데도, 검찰이 성명불상자를 특정하지 못했다는 상식을 벗어난 이유로 이 건을 기소정지시키며 이재명과 김혜경에게 일단 면죄부를 준 것이다. 이재명의 공직선거법 위반 판정이 날 것으로 확실시되는 '시청공무원 동원 사전선거운동 건'이 감쪽같이 사라지고, 상식적으로 판단할 때 이재명이 성명불상자임에 틀림없는 상황임에도 성명불상자를 특정짓지 못했다는 이유로 '혜경궁 김씨 건'에 대해 면죄부가 주어진다는 것은, 세간에서 회자되고 있는 '검찰과 모종의 딜이 있었을 것이다'는 설이 사실이 아닌가 하는 의구심이 들게 한다. '공무원 동원 사전선거운동 건'의 공소시효가 2024년에 끝나고, '혜경궁 김씨 건'이 기소중지된 것을 감안할 때 검찰이 이 두 건을 유예한 것은 이재명이란 미래권력(? – 이 될 수도 있는)을 두 건을 무기로 조종할 생각을 가지고 있다는 생각마저 (양측의 딜이 아니라면) 들게 한다.

(by 페이스북 문상조 님)

일본 전범기업과도
손잡는 경기도

(일본이 반도체 부품 수출을 규제한다고 했을 때 이재명은 자격과 권한도 없으면서 자신이 그 대응의 선봉에 서겠다는 식으로 언플을 했다. 그러나 이 역시 실제 행동과는 차이가 있었다. - 편저자 주)

이재명은 외부적으로는 일본의 경제보복에 강력 대응하겠다고 큰소리쳤다. 그러나 실제로는 일본 전범기업과 업무협약을 체결했던 사실, 일본의 반도체 부품 관련기업을 경기도에 유치하기 위해 일본의 관련 기관지에 경기도의 외국인 투자환경을 홍보하는 글을 대대적으로 올렸던 사실이 밝혀졌다.

〈컨슈머타임즈〉에 의하면, 대법원의 일본기업에 대한 강제징용배상 판결과 해당 일본 기업의 국내 자산 압류에 따른 판결이 있은 후 국내에서 반일감정이 고조되고 한일관계가 냉랭해진 상황에서 이재명의 경기도는 2018년 11월 16일 일본의 대표적 전범기업인 아지노모토사와 도쿄에 위치한 아지노모토 본사에서 투자 업무협약을 체결했다고 한다. 그러면서 "경기도는 공장 준공과 향후 운영에 따른 행정지원 등을 제공하는 데 힘쓸 방침"이며 "일본의 유명한 종합식품기업이 최초로 한국에 식품생산시설을 설립했다는 점에서 의의가 있다"고 말했다고 한다.

또한 〈news1〉 2019년 7월 28일자에선, "우리나라와 일본의 '반도체 소재' 수출규제를 둘러싼 갈등이 국제사회로까지 확산되고 있는 가운데, 경기도가 올 상반기에 일본에서 현지 반도체 유관기업들을 대상으로 '도(道)내 투자' 유치를 홍보하는 광고를 내보낸 것으로 확인됐다....28일 업계에 따르면 경기도 투자진흥과는 지난 4월 25일 일본 반도체제조장치협회(SEAJ)가 발간하는 협회지인 'SEAJ 저널(SEAJ Journal) 165호'에 경기도의 외국인 투자환경을 홍보하는 광고를 게재했다.... 반도체업계에서는 이같은 소식에 의외라는 반응을 보인다. 지난해 하반기부터 일본 현지에서 반도체 핵심 소재를 둘러싼 수출 금지 같은 '무기화' 징후가 흘러나와 홍보효과를 기대할 수 없는 상황임에도 일본 현지 기업들을 상대로 투자 유치 광고전을 벌였다는 이유에서다."고 보도했다.

이처럼 경기도가 일본 대표적 전범기업인 아지노모도사와, 그것도 대법원의 강제징용 관련 배상판결로 국민들의 반일감정이 고조되어 있는 시점에 업무협약을 체결했다는 것은 있을 수 없는 일이라고 생각한다. 그리고 일본의 반도체부품 업체를 유치하기 위해 2019년 4월 SEAJ 저널에 경기도의 외국인 투자환경 홍보를 게재한 것 역시, 반도체 핵심 소재를 둘러싼 수출 금지 같은 '무기화' 징후가 흘러나와 홍보 효과를 기대할 수 없는 상황에서 추진된 일이라는 점에서 이해할 수 없는 일이다. 이것은 이재명의 보여주기식 성급한 '성과주의'의 한 단면일 것이다.

(by 페이스북 문상조 님)

'수학시간에 다른 책 꺼내는'
이재명

성남일보는 "지난 13일(10.13) 청와대에서 열린 제2차 한국판 뉴딜 전략회의에서 경기도 뉴딜 전략을 발표했는데 경기도는 그린뉴딜 전략이 아닌 디지털 뉴딜 전략인 '공공배달앱'을 표면에 내세웠다."고 보도했다. 그린뉴딜정책이란 기후변화와 경제 문제를 동시에 풀기 위해 신재생 에너지 같은 친환경 사업에 대규모 투자를 해 경제를 살리는 정책을 말하는 것이다. 그런데 '공공배달앱'은 그린뉴딜과는 관계가 먼 것이다. (그 앱을 이용하면 탄소를 배출하는 기름을 이용하지 않고 배달할 수 있는 것도 아니지 않은가.) 그런데 이를 그린뉴딜정책이라며 청와대에서 이재명이 발표했다는 사실은 그에게 아예 '개념'이란 존재하지 않는다는 것을 말해주는 게 아닌가 한다. 이재명이 얼마나 일을 안 했으면 이런 일이 벌어질까 하는 생각이 든다.

이재명, 자신을 일방적으로 미화하는 언플짓거리 그만하고 도지사로서 도민을 위해 일 좀 하라. 그리고 이재명 지지자들, 부끄러운 줄 알고 이재명이 일은 잘한다는 헛소리 좀 집어치워라.

(by페이스북 문상조 님)

(공공배달앱은 표절할 수 있었지만 그린뉴딜과 관련된 건 어디서 미처 표절을 못해서 벌어진 일이 아닐까 한다. – 편저자)

변호사 이재명의 법률 무지

접경지역을 위험구역으로 지정해서 대북삐라 살포를 막겠다고 또 언플중인 경기 임시지사. 삐라 살포는 재난이며, 살포하는 자는 현행범으로 체포하겠다고도 하고 있다. 그러나 전혀 법률적 근거가 없다.

살펴보자면, 이재명은 도지사가 위험구역으로 설정할 수 있는 법령 근거를 '재난 및 안전관리 기본법'이라고 했으나 그 법령에 그런 조항은 없다. 도지사는 위험구역을 설정할 권한 자체가 없다.

－제41조(위험구역의 설정) ① 시장 · 군수 · 구청장과 지역통제단장 (대통령령으로 정하는 권한을 행사하는 경우에만 해당한다. 이하 이 조에서 같다)은 재난이 발생하거나 발생할 우려가 있는 경우에 사람의 생명 또는 신체에 대한 위해 방지나 질서의 유지를 위하여 필요하면 위험구역을 설정하고, 응급조치에 종사하지 아니하는 사람에게 다음 각 호의 조치를 명할 수 있다.－

그리고 대북 삐라 살포는 전쟁 발발이나 접경지역 주민들의 안전이 위협 받을 수 있으니 재난이라는 이재명의 주장은 법률에 근거하면 재난에 전혀 해당 되지 않으니 이것도 사실이 아니다.

-제3조(정의) 이 법에서 사용하는 용어의 뜻은 다음과 같다. 1. "재난"이란 국민의 생명·신체·재산과 국가에 피해를 주거나 줄 수 있는 것으로서 다음 각 목의 것을 말한다.

가. 자연재난: 태풍, 홍수, 호우(豪雨), 강풍, 풍랑, 해일(海溢), 대설, 한파, 낙뢰, 가뭄, 폭염, 지진, 황사(黃砂), 조류(藻類) 대발생, 조수(潮水), 화산활동, 소행성·유성체등 자연우주물체의 추락·충돌, 그 밖에 이에 준하는 자연현상으로 인하여 발생하는 재해

나. 사회재난: 화재·붕괴·폭발·교통사고(항공사고 및 해상사고를 포함한다)·화생방사고·환경오염사고 등으로 인하여 발생하는 대통령령으로 정하는 규모 이상의 피해와 국가핵심기반의 마비, 「감염병의 예방 및 관리에 관한 법률」에 따른 감염병 또는「가축전염병예방법」에 따른 가축전염병의 확산, 「미세먼지 저감 및 관리에 관한 특별법」에 따른 미세먼지 등으로 인한 피해.-

그리고 대체 어떤 법률에 의거해서 현행범으로 체포가 가능한지 법률적 근거도 없다. 그야말로 이재명은 변호사가 맞는지 의문이 들 정도이다. 도지사가 어떤 정책을 발표하면서 근거 법률에 대한 검토도 없이 마구 내지른다. 그러면서 '일 잘한다'는 언플만 요란하게 한다.

(페이스북에서 발췌)

이재명이 말하는 '국민기본시리즈'의 실상

이재명은 대선용으로 국민기본시리즈를 들고나와 국민을 현혹하려 연일 언플짓에 매달리고 있다. 그 '국민기본시리즈'는 '국민기본소득' '국민기본주택' '국민기본대출'이다. 이러한 '국민기본시리즈'의 명칭만 보면 국가가 모든 국민들에게 최소한의 주택을 공급해 주고, 국민들은 최소한의 생계비를 받아 그곳에서 인간답게 살면서, 더욱 돈이 필요한 경우 국가의 보증하에 대출을 받아 자신의 삶의 여유를 즐길 수 있을 것 같다. 하지만 이재명이 말하는 '국민기본시리즈'인 '국민기본주택' '국민기본소득' '국민기본대출'의 실제 내용은 그 명칭의 본 의미와는 판이하게 다른 것으로, 이재명은 정략적으로 이러한 명칭을 이용해 국민들의 심리적 착시 현상을 유도하려는 것이 아닌가 하는 생각마저 들게 한다.

'국민기본주택'이란 피상적인 명칭적 의미는 국민 누구나 거주할 수 있는 공간으로 국가에서 국민에게 무상으로 제공하는 주택이란 의미를 내포하고 있다고 보아야 할 것이다. 하지만 이재명이 말하는 '국민기본주택'이란 장기임대주택으로 이곳에 거주하려면 임대보증금 약 1억 원에 월세 70만 원 정도를 납부할 수 있어야 한다고 한다. 이런 것을 감안할 때 이 주택에 거주하려면 현재 전월세를 살고 있는 사람들 중 그나마 형편이 괜찮은 사람에 한해서 거주가 가능할 것으로 보이고, 사회적 취약계층인 서민들은 아예 엄두도 낼 수 없는 것이다. '국민기본주택'이란 허울 좋은 명칭만 붙였을 뿐 실제로는 자금 여력이 어느 정도 있는 사람들을 위한 것에 불과하다. 한마디로 말해 명칭을 이용한 대국민 기만극일 뿐이다.

그리고 '국민기본소득'이란 명칭적 의미는 부자나 가난한 사람이나 가릴 것 없이 국민 모두에게 최소한의 생활을 영위할 수 있는 소득이 보장된다는 것이라고 본다. 하지만 이재명이 말하는 '국민기본소득'의 실질적 내용은 그것과는 한참이나 거리가 멀다. 훨씬 더 많은 세금을 거두면서 나눠주는 건 기껏해야 '푼돈'임에도 국민 모두에게 기본적 생계를 보장해주겠다는 것처럼 '국민기본소득'이란 명칭으로 포장해 언론플레이를 벌이고 있는 것이다.

또한 '국민기본대출'이란 국민 모두가 연리 1 ~ 2%의 저리로 1000만원 정도를 담보나 신용에 관계없이 무기한으로 금융기관으로부터 대출해 사용할 수 있고, 원리금을 갚지 못할 때에는 국가가 대신 갚아주겠다는 것으로, 1000만원의 평생 마이너스통장을 조건 없이 저리로 모든 국민에게 제공해주겠다는 것이다. 이러한 이재명의 '국민기본대출'은 도덕적 해이와 국가의 재정 부담 확대, 그리고 금융시스템 붕괴 초래로 결코 받아들여질 수 없는 허황된 포퓰리즘식 발언일 뿐이다.

요약하자면, 이재명의 '국민기본시리즈'는 자신이 대권을 잡으면 정부가 국민들의 최소한의 삶을 보장해주겠다는 대선 홍보용으로 국민을 미혹하고 있는 것에 지나지 않는다. 이처럼 미사여구(?)로 국민을 미혹하려는 이재명은 절대로 지도자가 되어선 안될 사람임에 틀림 없다.

(by 페이스북 문상조 님)

경제질서를 붕괴시킬 이재명

미국 조 바이든 행정부의 1조9000억 달러(약 2153조 2700억 원)짜리 슈퍼 경기부양책의 미 상원 통과로 미 연방준비은행이 기준금리를 인상할 공산이 높다고 관측되고 있다. (우리 한국은행 총재 역시 올 하반기 기준금리 인상을 계획하고 있다고 밝힌 바 있다.) 그 이유는 이러한 막대한 재원을 마련하기 위해서 마국 행정부는 중장기 국채를 발행할 수밖에 없고 이 국채들을 팔기 위해서는 금리 인상이란 당근책이 필요하기 때문이다. 국채를 사는 입장에선 어느 정도의 수익이 보장되는 채권금리가 보장되어야만이 투자를 할 게 아니겠는가.

그런데 이러한 막대한 국채 발행을 통한 경기 부양책은 양날의 칼이기도 하다. 1조9000천억 달러에 이르는 국채를 발행한다는 것은 곧 시중에 돌아 다니는 현금을 그만큼 정부가 회수 즉 빨아들인다는 것으로, 금리만 보장된다면 증시에 몰려있던 자금들이 투자의 불안전성을 탈피하고 안정성 있는 국채 매입으로 대규모 몰려 시중에 통화 즉 현금이 부족해지는 현상이 발생하게 되고, 따라서 금융권 대출금리는 더욱 오를 수밖에 없게 된다. 여기에는 바이든 행정부가 실업자 1인당 1300달러 짜리 수표를 살포하겠다고 밝힌 점도 주목해야 한다. 물론 미국이 현금보다 카드나 수표를 많이 사용하는 국가이지만 현금이 아 닌 수표를 지급하겠다는 것은 국채 발행으로 회수한 자금들도 시중에 풀지 않고 통화 긴축을 하겠다는 맥락으로 읽힌다. 이는 즉 돈을 풀긴 하는데 현금 대신 수표 같은 유가증권으로만 풀어서 소비만 늘리겠다 는 정책으로 인플레이션을 조장할 공산이 아주 크다고 여겨진다.

결국 이것은 증시 붕괴는 물론, 정책 실패 시 긴축 통화로 인한 실물 경제의 일시적인 디플레이션과 함께 장기간에 걸친 트램펄린식 물가 인플레이션을 초래할 수 있다. 따라서 생산과 유통 소비 3박자가 정 책 입안자의 의도대로 맞아떨어지지 않으면, 이런 대규모 슈퍼 경기부 양책은 돈 푸는 순간의 소비 거품이 꺼지면 경제 대공황이란 핵폭탄을 맞을 가능성이 크다. 나아가 미국의 교역국들과 달러 영향권에 도미노 식 경기 붕괴를 초래할 수 있어 코로나19 이후 경제 대공황이란 집단 멘붕을 또다시 맞을 수도 있다는 것이다.

그런데 문제는 우리이다. 유력한 차기 대선 후보로 꼽히고 있는 이 재명은 소위 재난소득과 기본소득이란 허상으로 국민들을 기만하며 그 막대한 재원 마련책으로 현행 각종 복지 예산들의 가히 블랙홀급 통폐합과 대규모 국채 발행, 한국은행을 통한 무차별적 통화 발행을 천명하고 있다. 이는 우리 경제가 도저히 감당할 수 없는 것으로, 화폐 본위 경제질서 체제를 붕괴시키는 일이다. 동시에 기축 통화국인 미국 과 달리 수출입으로 경제를 유지하는 우리 경제에게는 원화 가치 하락으로 이어져 수출입 경상수지 균형을 무너트리는 것이며, 거기에다 대규모 인플레이션 조장으로 한국판 대공황을 일으켜 IMF 구제금융 시절과는 비교도 안될 정도로 대량 실업을 동반한 국가와 서민경제 파탄을 예고하는 것이다. 이에 관한 대안은 전무한 상태에서 자신의 권력욕에만 취하여 매표행위를 위한 '기본' 정책들만 내세우는 이재명과 그를 지도하는(?) 미친 자들은 역사의 죄인들이 될 것이다.

(by 페이스북 김민주 님)

코나아이

코나아이는 도대체 무엇입니까? 다 죽어가던 회사가 지자체 재난지원금 선불카드로 살아나고 거기에서 발생한 막대한 이자 소득들 전부 꿀꺽하고, 엄청난 미사용 금액(낙전 수입)도 다 꿀꺽하고, 카드 발행 시 취득한 개인신상정보들을 기반으로 알토란같은 신규 사업에도 진출하는 코나아이의 실체는 도대체 무엇입니까? 도대체 그 어떤 지자체가 혈세를 담보로 고리의 지방채 발행으로 얻은 막대한 재원들을 코나아이 같은 사기업에 아낌 없이 퍼주며 도민들 개인정보들까지 아낌없이 퍼주는 초유의 특혜성 계약을 합니까? 이것은 도지사 재량권 남용이자 탈법 아닙니까? 코나아이는 제2의 다스입니까? 온갖 혜택 다 누리고 있는 코나아이, 코나아이는 도대체 누구 것입니까?

(by 페이스북 김민주 님)

'고양이에게 생선가게 맡기기'

경기도 도의원인 신정현 의원이 도정질의에서 경기도의 코나아이를 둘러싼 상식을 벗어난 인사관리에 대해 경기도(이재명)를 질타했다. 신 의원은 이와 관련해, 코나아이 해외파트 부사장을 지냈던 모씨가 경기도 시장상권진흥원 상임이사로 발탁되었고, 성남시 시장활성화재단에서 비정규직으로 일했으며 성남시 정책을 비판했던 네티즌과 소송을 벌였던 이재명의 최측근인 모씨가 코나아이 상임이사로 발탁되었다고 했다.

경기도의 수조 원에 달하는 지역상품권 운용을 책임지는 코나아이를 관리·감독해야 하는 경기도 시장상권진흥원의 실무 최상위책임자격인 상임이사에 코나아이 고위간부를, 코나아이의 실질적 운영 최상위책임자격인 상임이사에 이재명 최측근을 앉혔다는 것은, 경기도가 수조 원의 지역상품권을 운영하는 코나아이를 제대로 관리할 수 없는 아예 할 생각이 없는 상태로 두고 있다는 것을 말해준다. 신정현 의원의 말처럼 경기도와 코나아이의 유착관계를 매우 의심스럽게 볼 수밖에 없는 지경이다. 대체 이재명은 코나아이를 통해 무슨 짓을 하고 있는 것인가?

이재명은 얼마 전 자신의 측근이 터뜨린 'LH 투기 의혹 건'과 관련해 '고양이에게 생선가게를 맡긴 꼴'이라고 국민들이 분노한다며 오래 전부터 관행처럼 행해오던 문제를 마치 현 정부만의 문제인양 국민 불만을 부추겼었다. 이번에 밝혀진 코나아이 인사는 이재명 자신의 말처럼 그야말로 '고양이에게 생선가게를 맡긴 꼴'이다.

이재명, LH 투기와 관련된 국민들 분노는 보이고, 코나아이의 부조리와 관련한 도민의 분노는 보이지 않는가?

(by 페이스북 문상조 님)

(그리고 경기도의 GH도 LH 못지않게 문제. LH 대신 GH 내세우는 것도 고양이가 생선가게 달라는 꼴 – 편저자)

코나아이 2

민간이 발행하는 선불카드나 상품권 같은 경우 미사용금에 관한 법적 약관 등을 일반 사용자들은 잘 알 수 없기 때문에 사용기한이나 미사용 금액에 대한 반환 기한 초과로 인해 선량한 사용자들이 피해를 보는 사례들이 비일비재하다. 따라서 그러한 선불성 카드나 상품권 등을 막대한 혈세를 들여 지자체가 발행을 할 경우에는 발행 규모를 떠나서라도 그 발행과 관리를 위탁받는 민간업체와 그 어떤 계약보다 신중하고 세밀하게 계약 체결해야 됨은 물론 미사용금(낙전 수입)과 이자소득에 관한 해당 지자체로의 귀속 반환 조항은 명확히 명시되어져야 마땅하다. 또한 그 귀속 의무의 이행을 담보할 업체 측의 재정적 담보까지 있어야만이 행정사무를 집행하는 지자체의 법적 책임을 다하고 있다고 볼 것이다.

그런데 수천억 원이 투입된 지역상품권 발행에 있어 지자체 단체장의 친인척이 연관된 회사에 그 위탁관리 업무를 맡기고, 거기에서 발생한 과실소득인 수백억대에 이르는 낙전수입이나 이자소득들이 해당 지자체로의 반환 귀속 의무가 전혀 없다면 그 줄줄 새는 막대한 혈세는 둘 중 하나로 밖에는 볼 수가 없다. 도둑놈들끼리 짜고 나눠먹거나 아니면 무능한 행정.

또한 지역상품권에 관한 유지 보수 관리 위탁을 받은 사기업이 거기에서 취득한 개인정보들을 제3자에게 무단 판매하고, 쌓인 DB를 기반으로 블록체인 서비스를 제공하여 지방선거 등의 투표관리와 여론조사 등의 사업을 한다면 불법이 아니라고 할 수 없다. 이런 전반적인 정황들을 전부 무시하고 사업 허가를 내줬다는 자체는 라임 옵티머스가 초대형 금융사기임을 뻔히 알면서도 면죄부를 줬던 검찰, 금감원, 펀드발행 주관 증권사, 펀드 판매 대금 위탁관리 은행이 했던 사기 공모와 다를 게 뭐가 있겠는가?

이것은 감사원과 사법기관을 통한 철저한 외부 감사를 통해 의법 조치를 해야 될 엄중한 사안이며, 이와 같은 계약을 코나아이측과 체결한, 행정의 달인으로 포장된 이재명은 반드시 이에 대한 핵임을 져야 될 것이다.

(by 페이스북 김민주 님)

모럴해저드 천국(?)의 안내인

　사업을 해본 이들은 익히 잘 아는 사안이지만, 정부나 지자체 등에서 우수 상공인으로 지정받고 그 혜택(?)으로 저리의 정책자금을 배정 받아 해당 기관장의 직인이 찍힌 정책자금 배정서를 들고 해당 금융기관으로 달려가도 절대 곧바로 돈을 주지 않는다. 정부나 지자체가 그 정책자금에 대하여 100% 지급 보장을 하지 않는 한, 은행입장에선 그 대출금에 관해 정부나 해당 지자체가 보증을 서는 게 아니기 때문에 일반 대출과 동일하게 취급하며, 대출자의 여신이나 담보물을 확인하게 된다. 이때 신용이 낮은 대출 신청자나 사업자는 어쩔 수 없이 신용보증기금을 찾게 되는데, 신보에서 보증서를 발급받는 것은 대단히 힘들다. 각종 서류 심사와 사업장 답사는 기본이고 심사 수수료와 보증서 발급비는 물론 원활한 진행을 위해선 로비까지 제공해야 되는 게 상식으로 통했다.

　이렇게 어렵게 신보 측의 보증서를 받아들고 은행에 다시 찾아가도 그 보증서는 은행 측 서류심사에 필요한 서류들 중 하나일 뿐이고, 은행 측이 탄탄하게 만들어 둔 문턱들을 넘어야 된다. 이 과정을 무사히 통과하더라도 저리로 받았던 혜택을 '꺽기' 등으로 은행 측에 고스란히 토해 놓게 하는 현실적인 구조 때문에 자금난에 극심하게 시달리는 사업주들의 등을 치는 대출밖에 안 되는 게 현실이다. 물론 돈줄에 허덕이는 사업자 입장에선 급전 마련에 영혼이라도 저당잡히고 싶은 심정에서 이런 자금일지라도 감지덕지하지만, 결국 이것은 저금리란 당초 취지는 오간데 없이 금융권과 신보측의 배만 불려주는 제도이자 사업자를 악성 채무자로 전락시키는 구실밖에 못하는 게 현실이다.

그런데 이재명이 신보 측에 저신용자들에게 보증서를 무차별적으로 발급해 주고 금융권은 그 보증서를 담보로 저금리 대출을 무조건 해주라고 겁박한 사실이 드러났다. 이는 즉 대출금 상환을 못하면 해당 신보사가 그 책임을 져 대신 갚아줘야 하는데 그 돈은 어디서 나온다는 것인가? 경기신용기금 지하에 돈 찍는 기계라도 있다는 것인가? 결국 도민들 혈세로 막거나 부실경영으로 부도 내고 나자빠지는거 아닌가. 해당은행 또한 대출금 미회수로 부실로 이어지고. 또한 일단 수단 방법 안 가리고 빌려다 쓰고 안 갚아도 된다는 채무자들의 신용불량자 양산과 모럴 헤저드 천국밖에 더 되겠는가. 이런 것을 정책이라고 버젓이 내놓고 착한 대출인 듯 홍보만 하고는 그 실체가 드러나자 모르쇠로 내빼는 짓거리가 그 잘난 행정인지 묻고 싶다.

(by 페이스북 김민주 님)

언론플레이를 위한 행정

고사성어에 교자채신(敎子採薪)이란 말이 있다. 탈무드에 나오는 '물고기를 잡아주기보다는 물고기 잡는 방법을 가르쳐라'는 말과 같은 의미로 무슨 일이든 장기적인 안목을 가지고 해야 함을 비유하는 말이다. 이는 중국 춘추시대 노나라의 어떤 아버지가 땔나무를 장만하러 집을 나서는 아들에게 했던 말인데, 당장의 편리성과 접근성만 생각하고 집 뒷산의 나무들부터 마구 베어다 땔감으로 사용해 버리면 정작 땔감이 더 필요한 시기에는 먼 산까지 땔나무를 구하러 다녀야 된다는 교훈이다.

경기도에 무료 푸드센터가 오픈한 모양이다. 인적사항만 기재하면 다섯 개씩 가져갈 수 있는.그곳에 도지사까지 나타나 배고픔에 식료품을 훔치는 현대판 장발장들을 위한 배려라고 홍보 일색이다. 가난은 나라님도 구제하지 못한다는 말도 있듯이 위기 시마다 가난과 굶주림의 사각지대는 증가할 수밖엔 없다.

재정이 마르지 않는 샘물이거나 화수분이 아닌들 주어진 예산 한도 내에서 그 얼마나 규모 있고 실속있게 활용하느냐가 중요하지만, 가장 선행되고 배려되어야 할 점은 그 제도의 혜택을 받을 대상자들의 입장이다. 흰히 공개된 장소에서 자신의 신상명세까지 밝힌 채 라면 몇 봉지, 생필품 몇 가지를 들고 가라는 것은 아사 직전으로 내몰리면 체면과 자존심마저 땅바닥에 내버리고 오란 얘기다. 행정망을 가동하면 긴급 지원이 필요한 사각지대는 얼마든지 파악할 수 있으며, 행정망을 통하든 자원봉사단체를 활용하든 그들을 지원할 방식은 얼마든지 있을 것이며, 생색내기 홍보비용만 줄이더라도 그 '장발장'들을 위한 긴급지원비는 충분할 것이다. 진정한 정치가라면 그들을 구제할 정책들과 대안을 모색해야지, 뒷산이 전부 황폐화되도록 마구 벌목해다 풍수해도 못 막는 모지리 같은 정치꾼은 되지 말아야 한다. 명색이 교회 집사라는 사람이 '오른손이 하는 일을 왼손이 모르게 하라'는 성경 구절도 모를 리는 없을 테고, 이제 그만 적당히 대국민 언론쇼하기 바란다.

국민들이 과거와 같은 개돼지가 절대 아님을 명심해야 될 것이다.

(by 페이스북 김민주 님)

수십 명 전관예우 변호사 쓰고도
재산이 늘어나는 마법

인사혁신처가 1월 초 밝힌 바에 따르면 2020년분 공직자 재산 증감 변동 신고 기한이 금년 3월2일까지로 되어 있으니 관례상 3월 말이면 그 변동내역이 공개될 것이다. 개인적으로 그 변동폭이 대단히 궁금한 공직자들 중 하나가 경이로운 모 지사님이다.

지난해 공개된 그의 재산은 처와 공유된 자신의 아파트 및 보유 차량과 예금, 채권 등 총 23억 원으로 직전 신고 년도보다 5억 2천만 원이 감소된 것으로 신고하였으나 관련기관이 지적한 신고 누락 재산이 5억500만 원이었다. 해당 공직자는 그 누락된 재산은 전부 '채권'이며 보좌진의 단순 실수로 신고 누락되었다며 즉시 보완 신고하겠다 밝힌 바 있는데, 그 보완 신고된 채권의 내역이 대단히 궁금하다. (사견으론 전환사채일 가능성이 아주 농후하다고 보고 있지만)

또한 해당 공직자는 사적인 소송을 (전관 예우를 반드시 근절해야 된다는 자신의 거듭된 주장들도 식언한 채) 자신과 사법연수원 동기인 자가 대표로 있는 대형 로펌에 해당 사건을 의뢰했다 이를 주축으로 김앤장, 화우, 한결 등 예닐곱 군데나 되는 대형 로펌들과 연합한 후 그곳들에 소속된 전직 대법관, 헌재 재판관, 민변 회장 등 수십 명의 초호화 변호인단을 꾸려 대응했다. 그런데 거기에 소요된 변호사 수임료가 해당 업계의 통상적인 관행으로 적용이 되었다면 제 아무리 적게 잡아도 10억대 이상은 지출되었다고 봐야 마땅할 것이다. 그렇기에 작년에 신고된 23억에 누락되었던 채권 5억500만 원까지 합산된 28억여 원 중 작년에 고인이 된 노모 소유 아파트 지분이었던 1억3천만 원까지 포함 10억 원대의 부동산을 제외하고 나머지 18억 원대의 동산 자산이 그 얼마나 감소되었는지 대단히 궁금하다. 만일 해당 사건에 관한 수임료는 이미 선지급 되었기에 작년 재산 변동에는 전혀 관련이 없다고 주장을 하고 나온다면 그건 변호사 업계 관행을 철저히 무시한 헛소리가 될 뿐이다. 게다가 매해 신고된 재산 변동 내역에도 해당 사건에 관한 변호사 수임료 지출이 단 한번도 없었기에 거짓말도 큰 소리(?)로 하는 셈이다. 그리고 사적 친분 등으로 인하여 해당 로펌들이 무료 변호를 해주거나 인지대 정도만 받고 변론을 맡아줬다 주장을 하고 나오더라도 그가 공직자인 만큼 공직자 윤리법에 의거, 김영란법을 떠나서라도 뇌물 수재죄로 엄격히 따져 봐야 될 것이며 해당 로펌들과 변호인들은 변호사법 위반일 것이다. 대단히 3월 말이 기다려진다. 누락되었던 그 5억500만 원의 채권 내용이 무엇이었는지, 초대형사건 재판 처리 과정에 있어서의 초호화 변호인단에 대한 수임료 지출에 따른 재산 감소 폭이 그 얼마나 되는지…

−본 글 작성 이후 시간 변동에 따른 내용 추가 −

이재명이라는 공직자가 초대형 재판을 받으며 김앤장을 비롯 국내 유수의 대형 로펌들과 함께 전직 대법관 등 수십명의 초호화 변호인단을 구성, 대법원 확정 판결까지 장기간에 걸쳐 재판을 받았는데도 재산이 전혀 줄지 않고 전년 대비 약 3천만 원이나 증가한 것으로 공직자 재산 신고 결과 밝혀졌다. 그 부인 역시도 모 사건에 연루되어 변호인단 선임 재판을 받았음에도. 만일 그 수십 명에 달하는 변호사들이 단 한푼의 수임료도 받지 않고 무료 변론을 해줬다면 그것은 마땅히 공직자 뇌물수수행위가 된다.

언론도 문제다. 작년도 재산신고 때 누락시켰다가 적발돼 추가 신고했던 5억여 원에 달했던 재산의 행방은 여전히 오리무중임에도 그 어떤 언론도 이에 관한 보도가 전혀 없다.[15]

전형적인 정언 유착으로 볼 수밖에 없는 대목이다.

(by 페이스북 김민주 님)

---

15 변호사 비용을 수십억 썼음에도 재산변동이 거의 없는 이유에 대해 이재명은 제대로 밝혀야 할 것이다. 이런 의혹 하나하나 해명 없이 권력욕구를 채울 수 있을 것 같은가? − 편저자.

4장

나는
왜 이재명을
반대하는가

왜 도덕성인가

조선시대 사림은 훈구 대신들의 부정부패를 비판하고 도덕성과 대의명분을 강조하는 성리학 이념을 주장하며 등장했다. 세조의 왕위 찬탈에 비판적이었던 것도 그것이 전혀 도덕적이지 않았기 때문이다. 이어진 일련의 사화(士禍) 등에서도 통치자의 도덕성 문제가 제기되었는데, 도덕성과 명분을 강조하는 걸 사림은 '도학'으로 개념화했다. 이러한 상황 속에서 통치자의 도덕성을 바탕으로 하는 정치, 즉 도학 정치의 제도적 정착에 커다란 공헌을 한 사람이 이퇴계였다. 기대승 역시 인간 심성에 대한 연구를 통해 통치자의 도덕성에 주목했고, 정치 질서를 개혁하는 데에 기여하고자 하였다. 그렇다고 해서 사림 전체가 성인군자였던 것은 물론 아니다. 그러나 적어도 그런 지향성은 가지고 있어야 했다. 지향성 자체를 내려놓는다면 대의명분도 상실하고 도학 정치의 틀에서도 제외되어야 했기 때문이다.

조선시대 사림처럼 도덕성을 강조한 서양의 철학자는 저 유명한 칸트일 것이다. 칸트는 도덕성이라는 개념은 경험과 상관없이 절대 필연적으로 모든 이성적 존재에게 적용된다고 보았다. 즉, 도덕 개념은 그 근원이 경험적이고 우연적인 인식에서 뽑아낼 수 없기 때문에 존엄성을 가지며, 우리에게 최상의 실천적인 원칙이 된다는 것이다. 그리고 이 도덕성을 지키도록 하는 것은 어떤 다른 목적 없이 그 자체로 객관적으로 필연적이라고 선언하는 '정언적 명령법'이다. 칸트에 의하면, 이성적인 존재가 목적 자체가 될 수 있게 하는 유일한 조건 역시 도덕성이다. 그리고 타인을 나와 같은 이성적인 존재로서 대우하고, 이성적인 존재로서의 타인과 함께 살아가는 것, 자기 자신과 타인을 목적 그자체로 생각하는 사람들이 함께 살아가는 공동체를 칸트는 '목적의 나라'라고 명명한다.

도덕성은 현대 정치에 와서도 중요한 고리가 되는 것은 분명하다. 군부독재가 정당성이 없는 것은 도덕성 자체가 없는 토대 위에 세워졌기 때문이다. 선거라는 형식적 절차를 거쳤음에도 말이다. 앞으로 이념의 잣대는 희석될 것이며 그 반대로 도덕성과 대의명분의 가치는 올라갈 것이다. 성인군자'만' 정치를 해야 하는 것은 아니지만 적어도 도덕성에 심각한 문제가 있는 사람은 끊임없이 걸러내야 한다. 그대로 둔다면 그것이 발목 잡는 족쇄가 되어 정치의 발전, 개혁의 완성을 저지하게 될 것이다. 칼을 휘두르는 사람이 자격이 안 된다면 그 칼에 어떤 대의명분이 실리겠는가.

우리의 공화국을 '목적의 나라'로 만들어가야 하는 것이 우리의 목적

이어야 한다.

"이성적인 존재가 목적 자체가 될 수 있게 하는 유일한 조건은 도덕성이다. 왜냐하면 목적의 나라에서 법칙을 주는 구성원이 되는 것은 도덕성에 의해서만 가능하기 때문이다. 따라서 도덕성과 도덕적일 수 있는 한에서 인간성이 유일하게 존엄성을 갖는 것이다.....목적 그 자체인 각각의 이성적인 존재는, 어쨌든 자신이 복종해야 하는 모든 법칙에 대해 스스로를 동시에 보편적으로 '법칙을 주는 자'로 간주할 수 있어야 한다는 것이다.(- 칸트, [도덕 형이상학을 위한 기초 놓기] 중에서)

반문본질 이재명

이재명이 지금까지 그래왔듯 나중에도 반드시 문재인 대통령 등에 칼 꽂으려고 덤빌 수밖에 없는 이유, 바로 친문 정치인과 다음 대선 경선에서 붙을 수밖에 없기 때문이다. 문재인 대통령이 성공적으로 임기를 마치게 되면 그 후광은 친문 정치인에게로 가지 이재명에게는 가지 않는다. 따라서 이재명 입장에서는 반드시 문 대통령이 실패해야 하며 나아가 그 전장에서 자신이 선두에 있어야 한다. 그래야 문 정부 실패 후 대안(?)으로 부각될 수 있기 때문이다.

이것은 정동영 시즌2이다. 정동영이 쓰던 수법이 이런 것이었다. 친노(로 알려진) 정치인 이해찬, 유시민 등과 경합해야 했던 정동영은 참여정부가 무조건 실패해야 친노 아닌 자신이 대선 후보가 될 수 있다는 것을 명확히 알고 참여정부 공격의 선봉에 섰던 것이다. (그럼에도 '떼기'를 통해서야 후보가 됐지만). 그리고 그 이해관계를 같이 했던 수구세력은 참여정부를 물어뜯으면서 정동영을 사실상 측면 지원했다.

이재명이 도지사가 되면 도정보다는 성남에서 해왔던 것처럼 여론

왜곡과 언론 지원, 자기 사람 심기 등에만 주력할 것이며 틈만 나면 문재인 정부와 각을 세울 것이다. 그리고 문재인 정부 임기가 끝나갈수록 그 강도와 횟수는 더해질 것이다. 그래야만 반문의 대표로 자신이 대권 후보가 될 수 있고, 실패한(!) 문 정부라면 친문은 자신의 적수가 될 수 없다고 보기 때문이다.

혹여 이재명이 머리에 총이라도 맞아 개과천선을 한다 해도 반문질을 안 할 수는 없다. 그는 이미 호랑이 등에 올라탄 형국이기 때문이다. 만일 그가 진정으로 친문이 된다면 수구세력과 '주황 뻐꾸기'로부터 버림을 받을 것이고, 그렇게 되면 조중동의 융단폭격 속에 대선엔 나가보지도 못하고 정계퇴출 코스를 밟게 될 것이다. (근데, 이재명이 개과천선할 확률은 지구가 태양과 키스할 확률보다 낮다.)

* 외부의 적이 미사일을 쏴대도 끄떡 없을 수 있지만 내부의 적은 권총 한 자루만으로도 아군에 치명타를 가할 수 있다. 외부의 비호를 받는 내부 적이라면 더욱더.
* 수구세력이 쏴댈 수 있는 미사일도 사실상 없다. 기껏해야 소총으로 깨작댈 뿐. 민주당 내부의 확실한 히트맨 하나가 더 구미 당길 수밖에 없다. (- 2018년 5월)

법가 아닌 '법까' 사법부

'예(禮)는 서민에게 내려가지 않고 형(刑)은 사대부에게 올라가지 않는다.'

중국 주나라 때부터 적용되던 '법치(?)' 논리였다고 한다. 형벌은 서민에게만 적용하고, 사대부의 잘못은 '예'로 다스렸다는 것. 이걸 바로잡으려고 한 게 전국시대의 '법가'였다. 사대부나 서민을 구분하지 않고 모두 '형벌'로 다스리고 법치를 바로 세우고자 했다. 그리고 그것이 진나라가 전국시대를 통일한 바탕이 되었다.

그러나 수천 년 뒤 대한민국의 '법까'(사법부)는 스스로 법치(法治)를 내던지고 법치(法癡)임을 인증했다. 명백한 증거가 있음에도 '진실이 아니라 하더라도 허위사실 공표로 볼 수 없다'는 해괴한 주장을 내세워 이재명에게 면죄부를 준 것이 그것이다. (이제 선거토론에서 어떤 거짓을 얘기해도 처벌할 근거가 없다.)

우리가 원하는 '법치주의'는 법 앞에 만인이 평등하다는 걸 전제로 한다. 누구에게나 '형'이 적용되어야 한다. 그러나 한국의 '법까'는 적폐청산에 저항하기 위해, 자신들에게 도움이 안 되는 사람에게는 '형'을 내리고, 도움이 될 자에게는 '예'를 올린다.(현 정부의 폭탄이 되는 자를 정확하게 캐치하는 능력은 인정한다.)

이 '법까'를 '법가'로 바로 세우지 못 하는 한 대한민국은 언제든 과거로 회귀한다. 회귀하게 되면, 다시 여기까지 오는 데엔 두 배 이상의 시간과 피땀이 필요할지 모른다. 아니, 어쩌면 불가능할지도 모른다.

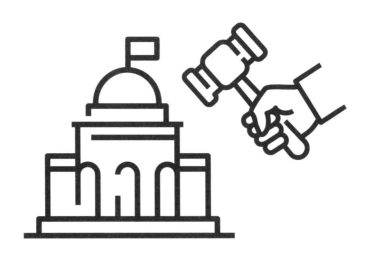

프랑스 불랑제를 통해 본
이재명

　프랑스 제3공화정 시절, 그중 1887년부터 1889년까지는 '불랑제 사건'이 프랑스를 강타했던 시기이다. 퇴역장군인 불랑제의 인기가 하늘로 치솟았던 것. 파리코뮌을 짓밟고 무능한 의회주의 정치를 보여주던 제3공화정에 대한 불만이 불랑제에 대한 지지로 이어진 것이다. 그 지지 세력에는, 불랑제를 제2의 나폴레옹 정도로 보고 1인 독재 제정(帝政)복고를 꿈꾸던 보나파르트주의자들과, "권력을 쥔 군인 한 사람이 공화국 형태를 완전하게 실현할 것"이라고 기대한 일부 공화주의자들도 있었다.

　이 불랑제와 가장 치열하게 대립한 세력이 '프랑스 사회주의 노동자 정당 연맹'(사노당)이었다. 그들은 불랑제가 의회정치에 대한 국민들의 불만을 악용해 공화정 체제 자체를 무너뜨리고 나폴레옹처럼 프랑스를 1인 독재 제정으로 이끌 것이라는 위기감에, 노동자 계급의 당파성을 포기하고 공화정 수호를 위해 부르주아 정치인들과 손잡게 된다.

　그리고 1888년부터는 불랑제 운동 전담 마크를 담당하는 일간지

《르 파르티 우브리에》를 발행했다.

이 신문에선 불랑제와 불랑제 현상, 그 추종자들에 대해 다음과 같이 평하고 있다.

'불랑제 추종자들은 우리 시대에 알려진 범죄 중에서도 가장 큰 범죄에 협력하려 하고 있다. 그 범죄란, 전쟁 승리와 같은 목표를 설정해서 스스로 최고 통치자가 될 수 있도록 국민의 지적 능력을 감소시키는 것, 국민을 예속 상태로 몰아가는 것이다.'

'우리가 직면하고 있는 위기는 끔찍한 것이다. 그 위기는 과장되거나 있을 수 없는 것이 아니다. 모든 것이 미쳐가고 있다. 불랑제가 나폴레옹의 아들이라는 농민들의 생각 또한 미친 것이다. 기괴한 것이 어리석은 것과 완벽하게 조화를 이루어가고 있다.'

'이 인물은 자신의 욕구와 야망을 만족시키기 위해서라면 그 어떤 종류의 타협도 불사할 것이다. 그의 주위에는 매우 수상쩍은 사람들이 모여들고 있으며, 우리의 주의를 환기시키는 소란의 근원에는 그가 있다. 시간이 임박했다!'

'사회주의자들, 혁명가들, 혹은 공화주의자들이여! 원한다면 각자의 깃발을 들고 단결해, 우리 자신을 희생하고 눈물과 피를 바쳐 공화정

을 조심스럽게 지켜나가자. 시민들이여, 공화정을 수호하자!'[16]

　전혀 공존할 수 없을 것 같은 보나파르트주의자와 일부 공화주의자의 지지를 같이 받았던 불랑제처럼, 운동권 '주황 뻐꾸기'와 일부 민주당원과 일베의 지지까지 같이 받는 민주당의 어느 정치인, 박근혜에 대한 국민들의 불만, 즉 촛불을 악용해 부각된 정치인, 이미 자신이 시장으로 있던 곳에선 1인독재 제정을 실현했던 정치인.

　이 정치인은 자신의 욕구와 야망을 만족시키기 위해서라면 그 어떤 종류의 타협도 불사할 것이다. 조선일보, 네이버와의 관계가 그렇다. 모든 종류의 욕도 구사한다. 그의 주위에는, '차카게 살자'를 좋아하는 매우 수상쩍은 사람들이 모여들고 있으며, 우리의 주의를 환기시키는 소란의 근원에는 그가 있다.

　이 정치인이 노무현 대통령과 비슷하고 문재인 대통령과 원팀이라는 일부 당원들의 생각 또한 미친 것이다. 기괴한 것이 어리석은 것과 완벽하게 조화를 이루어가고 있다. 이 정치인의 추종자들은 우리 시대에 알려진 범죄 중에서도 가장 큰 범죄에 협력하려 하고 있다. 그 범죄란, 도덕성은 전혀 문제 삼지 않도록 국민의 판단 능력을 감소시키는 것, 국민을 퇴폐적인 예속 상태로 몰아가는 것이다.

---

16 프랑스 사노당 기관지 '르 파르티 우브리에', [조국이 위험에 처하다 외]에서 참조 및 발췌

이재명의 망령적 명령

"예컨대 한국전쟁 발발 직후 보도연맹원 학살에 이승만이 직접 명령을 했는지가 중요한 쟁점인데, 국군 방첩대나 치안국장 같은 사람이 보도연맹원 수십만명을 죽일 수 있는 명령을 내릴 때 최고 권력자인 이승만에게 보고하지 않았다는 것은 상식적으로 있을 수 없는 일이다.

대통령 측근 직속기관, 그리고 대통령과 독대할 수 있는 기관장이 국민들의 생명과 관련된 문제에서 최고 권력자의 묵인 없이 행동하는 것은 상식적으로 납득할 수 없다. 그러나 이후 제기될 책임을 면하기 위해 서면보고 같은 것은 전혀 하지 않고, 구두로만 지시했을 것이다. "알아서 하라"고 하거나 아예 "당신 선에서 처리하라"고 말하는 것이다. 그것을 '비명령적 명령'이라고 하는데, 광주 5 · 18 당시 미국의 역할도 그렇게 볼 수 있을 것이다. 비명령적 명령은 사실상 명령이다. 공권력이 범죄나 잘못을 저지를 때 그 책임을 면하기 위해 묵인을 하면서 사실상 명령에 가까운 효과를 가지는 것이다."

(- 김동춘 외 [리영희를 함께 읽다] 중에서)

'강제입원 시켜라'는 아니지만 강제입원 검토를 지시하고, '강제입원 안 되는 천 가지 이유를 대라'고 보건소장을 압박한 이재명의 '말'은 비명령적 명령을 넘어 더 나아가 '망령적 명령'이라고 할 것이다. 거기다 실제 감금시도까지 한 '행동'도 뒷받침하고 있다.

조폭과 사병

고려 때 무신란을 일으킨 정중부를 죽이고 권력을 쥔 경대승, 그는 무신이었지만 기존의 문신지배질서에 순응하는 사람이었고, 그래서 무신들과 오히려 척을 졌었다. (이게 〈고려사〉 편찬자 눈에는 이뻐 보였는지 무신정권 인물들 가운데 경대승만 '반역전'이 아니라 일반 '諸臣전'에서 다뤘다.) 그래서 끊임 없이 목숨의 위험을 느끼고 있었다.

그에 대한 대비로 만든 것이 '도방'이라는 사병조직이었다. 이 조직엔 '死士'라고 하는 무사집단이 다수 포함되었으나 '악소(惡少)'라 불리운 자들도 있었다. 이들은 주로 무리를 지어 다니며 탈법적인 행동과 행패를 일삼았던 무뢰배 집단이었는데, 그러다가 나중에 특정인의 사병으로 포섭이 된 것이었다. 당시 경성에 도둑이 많이 일어났는데 관리가 이를 체포하면 경대승이 풀어주었다고 한다. (이게 그냥 단순 절도범만 얘기하는 게 아니라 강도 등 포함일 터) 그리고 도방으로 끌어들인 것이다. 그 '빽'을 믿고 더 설친 게 도방원들이었다.

이런 악소, 도둑들은 지금 말로 치면 조폭이라고 할 수 있다. 경대승은 그러니까 조폭을 사병으로 둔 우리 역사 최초의 인물인 것이다. 도 방에는 이들 말고 국가의 禁軍인 견룡군도 있었다. 국가의 군인도 개인 사병으로 이용한 것이다. 기존 법 질서를 무시했다고 할 수 있다. 그리고 이런 사병 조직은 무신집권기 내내 이어졌다.

인권이 아니라 '조폭권' 변호사였던 이재명의 과거가 방송을 통해 다시 회자되고 있다. 시장이 된 후 조폭들 뒤만 봐준 것인지, 아예 사병처럼 관리한 것인지 철저한 후속보도와 수사가 필요하다. 뒤만 봐줬다 해도 결코 가벼운 일이 아님은 당연하다. 도지사 퇴출뿐 아니라 법적 처벌도 피할 수 없다.

그가 경기도청 산하에 특별사법경찰제를 두배로 확대한다는 것도 우려하지 않을 수 없다. 그 확대된 조직은 행정공무원들로 채워지고 도지사의 명령만 받을 터, 국가의 금군을 사병으로 거느린 경대승의 행태를 상기시킨다.

고려 무신집권기를 봐도 알 수 있듯이 기존 법 질서를 무시하는 게 적폐청산은 아니다. (조세권, 조달청, 공정위 권한 일부 달라는 수작도 그렇고). 그리고 적폐청산 운운하려거든 조폭청산에도 관심을 갖자. (-2018년 7월)

노무현 대통령과는
질적으로 다른 이재명

정말 어이 없는 일이지만 노무현 대통령과 이재명을 비슷하게 보는 사람들이 있다.(과거 노빠였는데 문파로 진화하지 못하고 '흑화'된 사람들) 서민의 언어를 구사하고 친화력이 있지만 기득권과 '먹물'들에겐 천박함으로 비춰지고 외톨이다, 성질이 불 같다 등등을 공통분모로 내세운다. 그리고 우리에겐 도덕군자가 필요한 게 아니라 독한 적폐들에게 몽둥이질할 사람이 필요하다라고 주장한다. '나쁜' 수구보다는 '덜 나쁜' 이재명이 낫다고도 한다.

그렇게 생각하는 사람이 내 주변에도 있다. 거칠고 양아치 같은 수구세력에 대항하려면 이쪽도 좀 거칠고 양아치 같은 사람이 필요하다라는. (이건 무슨, 적폐청산이 뒷골목 조폭들 '나와바리' 싸움도 아니고…) 이런 사람들은 몇 가지 단편적인 것만 자기 편한대로 끌고와 노통을 멋대로 판단하면서 그걸 이재명에게 투영한다. 그리고 한 분과 한 마리를 자신의 '그림자의 우상'에 따라 등치시킨다.

그러나 과연 그런가?

노무현 대통령은 도덕성에 흠 잡을 게 없는 분이셨다. 젊은 날의 과오도 반성하시고 인격조차도 새롭게 승화시키셨다. 그런데 이재명은? (에효, 말을 말자.) 어따 대고 감히 노통을 이따위 말종 쉴드용으로 이용하는가.

노무현 대통령에겐 거칠고 다듬어지지 않은 면이 있긴 했다. 그런데 그것은 원초적 야성이 가진 날것 그대로의 순수함이었다. 그래서 명패를 던지는 등 즉자적인 '거룩한 분노'도 숨기지 않았고, 3당 야합에 대해 홀로 분연히 맞섰던 것이다. (그게 이재명 같은 분노조절 장애라고?) 그리고 노통은 솔직담백한 언어를 구사하셨지만 이재명처럼 아무에게나 쌍욕을 날리시지도 않았고, 언어에 천박함도 없었다.

이와 반대로 이재명의 거칢은 그저 자기 성질 못 이겨 발광하는 수준이요, 자신에게 방해가 된다 싶으면(공익 차원이 절대 아니라) 끝까지 상대를 압살하려는 집요함이다. 여기에 추가되는 건 교활함과 사악함이다. 만일 이재명이 노통과 같은 상황에 있었다면 명패를 던지는 게 자기 이미지에 도움이 될까 안 될까를 먼저 머리 굴렸을 것이다. 3당 야합을 해도 '그릇' 커진다고 좋아하며 '이 좋은 그릇을 왜 버리느냐' 했을 것이고.

노무현 대통령은 강자에겐 강하고 약자에겐 굽힐 줄 아는 분이셨다. 그가 분노를 표한 상대는 조중동 등 언론권력과 수구야당 같은 정치권력, 그리고 검찰 등이었다. 그런데 이재명이 성질낸 상대는 철거민이나 장애인 같은 사회적 약자였다. 자신에게 방해가 되니 끝까지 죽이려고 든 상대는 친형이었다.

저 성질머리가 적폐청산엔 도움이 될 거라 착각들 하는데, 약점 많고 문제 많은 자는 칼춤을 출래야 출 수가 없다. 이재명은 다른 정치인들의 선거법 위반, 음주운전, 논문 표절, 무고, 성 추문 등에 대해 입자체를 열 수가 없다. 그자의 모든 약점 다 쥐고 있는 검찰 개혁도 못한다.

국정원 권력 쥐면 그 개혁이 아니라 (성남시 공무원 동원했듯) 댓글 공작만 심해질 것이다. 삼성? 정보력이 국정원에 필적한다는 삼성이 이재명 문제 모를 것 같나? 그거 갖고 딜 넣으면 이재명은 그저 삼성의 개가 될 뿐이다. 그렇게 자신 있으면 우선 중앙일보와 싸워봐라. 싸우긴 커녕 조중동에 돈이나 퍼주면서…(조중동에 홍보비 퍼주고 그 비호를 받는 자를 조중동과 싸운 분과 비교하는 건 뇌세포가 그냥 아메바 자체라야 가능할 것이다.)

양아치스러움을 양아치스러움으로 대처하는 건 조폭들에게나 맡기고, 나쁨보단 덜나쁨(근데 이재명이 덜 나쁘기나 해? 더하잖아!)이 낫다는 건 미세먼지 농도 구분할 때나 써라. 문재인 대통령 말씀 반복한다. 우리 권력의 기반은 도덕성과 역사적 소명의식이다. (-2019년 1월)

이재명 지지자들의 맹목

이재명 극렬 지지자들의 일반적인 특징이 뭐냐면, 문재인 대통령이 하는 건 지 딴엔 시원하지 않아 맘에 안 들고, 이재명이 뭔가 화끈하게 할 거라는 거대한 착각 속에 산다는 것이다. 혁명의 특징이 장기성, 간고성, 굴곡성이라고 하는데, 혁명보다 힘들다는 개혁이란 게 도깨비 방망이 한번 휘두르면 될 거라고 생각하는 관념적 조급성, 게다가 도덕성이 없는 자가 원칙대로 하지 않을 시에는 그 어떤 것도 할 수 없다는 생각조차 못하는 지적 결함의 결과이다.(네이버, 두산 등과도 유착하고 '그알' 입을 막기 위해 태영과도 붙어먹는 자가 개혁? 온갖 적폐 질 다하는 자가 개혁? 이재명이 특히 언론, 검찰 개혁 할 거라고 생각하나?)

그저 '민주진보'라는 허울의 세계에 살며 물리적인 치열함이 없는 자들, 언어와 생각이 현실에 토대를 두지 못하는 자들의 '공허한 맹목'. 다시 말하지만, 민주진영 안에서 먼저 정의를 채우지 못하면 우리 사회에 정의는 흐르지 않는다. 개혁도 당연히 없다.

'비루한 대중이 받드는 공허한 우상'

루트비히 판 베토벤 :"옳게 또 떳떳하게 행동하는 사람은 오직 그러한 사실만으로써 능히 불행을 견디어 나갈 수 있다는 것을 나는 입증하고 싶다." "나는 선 이외에는 아무 것도 탁월의 표적으로 인정하지 않는다."

로맹 롤랑 :"인격이 위대하지 못한 곳에 위대한 사람은 없다. 위대한 예술가도 위대한 행동가도 없다. 다만 비루한 대중이 받드는 공허한 우상이 있을 따름이다." (- 로맹 롤랑, [베토벤의 생애]에서)

옳게, 떳떳하게 행동한 적이 단 한번도 없는 자. 탁월의 표적이 단 하나도 없는 자. 다만 비루한 '찢빠'들이 받드는 공허한 우상.

트로이의 목마는 트로이의 자산이 아니다. 불에 태우거나 그리스로 돌려보내야 할 재앙의 조형물일 뿐이다.

이재명 지지 자체가 불의

고대 중국에 '도척'이라고 하는 전설적인 도둑이 있었다. (이름값 한다.) 하루는 그 부하가 도척에게 도둑질에도 '도'가 있느냐고 물었다. 도척이 말하길, '도가 없는 곳이 어디 있겠느냐. 방 안에 무엇이 있는지를 아는 것이 성(聖)이다. 들어갈 때 맨 앞에 서는 것이 용(勇)이다. 나올 때 맨 뒤에 있는 것이 의(義)이며, 될지 안 될지를 아는 것이 지(知)이다. 그리고 분배를 공평하게 하는 것이 인(仁)이다. 이 모든 걸 갖추고 큰 도적이 되지 않은 이는 없다.' 그러나 이 모든 걸 아우르는 도둑질이 불의임은 도척도 말하지 않았다. (- 조윤제, [다산의 마지막 공부]에서) 근데 그전에, 도둑질에 '성, 용, 의, 지, 인'을 갖다붙이는 것부터가 견강부회일 뿐이다.

이재명을 지지하는 이유로 아무리 그럴 듯한 '대의명분'을 갖다댄다 해도 그것은 도둑질에 '성, 용, 의, 지, 인'을 붙이는 행위와 같으며, 찢빠질 자체가 불의이다.

이재명 지지자들의 좌충우돌

어떤 지지자의 이재명 쉴드치기. (처음엔, 보도블럭 아낀 돈 쓴 게 맞냐고 물으니) 보도블럭으로 "대표되는" 돈 아낀거다 운운. 그러더니 결국 지역개발기금 쓴 건 인정하면서(그것도 얼렁뚱땅), 지역개발기금 빼돌린 게 아니라 '전용이다' 운운. 그게 그거라는 걸 모른다. 훔치는 건 문제지만 절도는 괜찮다는 격. (轉用 : 정해진 데 쓰지 않고 다른 데로 돌려서 쓴다는 뜻, 즉 빼돌려 쓰는 것) 그러더니, 빼돌린다고 말하면 '편견이다' 운운. 편견도 아니지만, 보는 사람의 주관에 따른 '편견' 문제가 아니라 객관적인 부당성의 문제라는 것도 모름. (이 사람 얘기대로면, 훔친다고 하면 편견이니 꼭 '절도'라고 해줘야 함.) 이자가 없다고 하다가 그것도 깨지니 나중엔 감당할 수 있는 액수냐가 핵심이다 운운. ㅁㅊㄴ 널뛰는 줄.

비판의 자유를 억누르는 민주당

사상과 비판의 자유는 헌법이 보장하는 인간의 기본권리다. 권위주의 독재시절엔 이 권리가 철저하게 짓밟히기도 했다.

그런데 사상과 비판의 자유를 억누르는 게 독재정권의 전유물이 아님을 민주당과 경기도는 보여주고 있다. 이재명을 비판하면 당원게시판에 글도 제대로 못 올리게 하고 당원을 제명하는가 하면 ('재명제명'은 생까면서), '혜경궁 김씨'가 이재명과 ('성남 이순자') 김혜경이라는 '팩트(!)'를 얘기하면 당원을 소환하며 압박하고 있다. 경기도는 한 시민의 트윗을 공개적으로 공격하며 비판여론을 잠재우려고 한다.

스탈린주의 같은 '사생아' 말고 원래 사회주의에서도 비판의 자유는 허용하고 있다. 엥겔스는 '대체 우리가 타인에게 우리 발언의 자유를 요구하는 것은 우리 당 전열에서는 그런 자유를 폐지하도록 하자는 말인가?'라고 일갈하기도 했다. 독재시절엔 비판의 자유를 얘기하더니 그게 결국은 우리 진영(?) 안에서는 모든 비판을 폐지하자는 것이었나? 지금 이런 주제에 수구세력을 비판할 자격은 있다고 생각하는가?

이 문제의 궁극적 원인은 역시 단 한 사람에게로 집중된다. 민주진영을 수구처럼 물들이는 (도덕성은 더 개판이고) 저 자가 지금 적폐 중의 적폐인 이유이다.

좌파독재

'이재명이 남경필보다 나은 게 뭐냐'고 댓글 달았다고 명예훼손 고소, 포털 다음에선 '이재명 쓰레기'라고 했다고 영구 정지.(네이버는 네일베, 다음은 '찢음'이 됨) 그 외에도 수많은 네티즌들이 고소고발을 당하고 있다. '진실이 아니라 하더라도 허위사실 공표로 볼 수 없다'는 희대의 개소리 덕에 살아난 자가 팩트를 '가짜뉴스'로 호도하는 한편, 가치판단의 영역까지 '가짜, 허위'라는 사실판단의 잣대를 들이대며 입에 재갈을 물리려 하고 있다. 이게 좌파독재다.

이재명과 그 지지자들은 자신들이 파시스트이면서 수구세력을 극우 파시스트로 본다. 이런 건 일종의 스키조파시즘schizofascism(정신분열 파시즘)이다. 우리 말로 '뇌찢'이다.

파이스트질

파이스트라고 하는 침팬지 암컷이 있다. 이 파이스트는 자신의 암컷 적수들 중 하나를 추격하다 속도가 뒤처지면 포기한다. 그리고 조금 있다가 멀리서 파이스트는 이젠 적개심을 버리고 마치 친구가 될 준비가 됐다는 것처럼 다른 암컷 적수를 향해 손을 내민다. 조금 어린 다른 암컷은 어떻게 생각해야 할지 잘 모르고 처음엔 머뭇거리지만 이윽고 파이스트에게 다가간다. 파이스트는 어린 암컷이 가까이 오는 동안 계속 팔을 내밀고 부드럽게 헐떡거리는 소리까지 낸다. 애정공세다.

그러다 갑자기 파이스트는 어린 암컷에게 달려들어 사납게 물어뜯는다. 드발이란 동물학자는 이것을 '속임의 화해제안'이라 불렀다.

이재명이 가끔 문파에 화해 제스처를 취하고 문 대통령 생각하는 것처럼 구는 게 바로 '파이스트질'이다. 침팬지 수준을 벗어나지 않는다.

지록위마

사슴을 가리키면서 말이라고 한다. 다른 데 쓰라고 모아둔 돈을 빼 쓰면서 보도블럭 깔 돈 아낀 돈이라 하고, 수천억 이자가 발생하는데 도 이자가 없다고, 또 빚이 생기는 게 아니라고 우긴다. 환관 '조고'가 부활해 지금 경기도청에 있다.

반구정과 압구정

반구정(伴鷗亭)과 압구정(狎鷗亭－현재 서울 압구정동 이름의 유래)이란 정자가 있(었)다. '반'과 '압'은 모두 벗한다는 뜻이고 '구'는 갈매기, 즉 두 정자 모두 갈매기를 벗삼아 쉬는 곳이라는 뜻을 갖고 있다. 반구정은 황희 정승이 지은 것이고 압구정은 한명회가 지은 것이다. '압구정'은 한명회의 아호이다. 한명회가 압구정을 지은 건 자신이 권력만을 탐하는 사람이 아니라 자연과 더불어 사는 탈속한 사람인 것처럼 꾸미기 위한 것이었다. 그런데 이름과 달리 압구정에선 명나라 사신을 호화롭게 접대하고 한명회의 집에는 뇌물행렬이 끊이지 않았다.

그래서일까, 정작 갈매기들은 압구정 근처에도 가지 않았다고 한다. 한명회의 기심(機心－자신의 사적인 목적을 위해 교묘하게 꾸미는 마음)을 갈매기들도 알아차렸다고나 할까.

현재 압구정은 온데간데 없이 사라지고 없다. 반면에 황희가 은퇴 후에 쉬기 위해 지은 반구정은 여전히 남아 그의 자취를 전하고 있다.

이재명은 성남시장 시절 강아지 '행복이'를 입양해 홍보영상까지 제작해가며 이용하다 (그 영상에서도 가식이 줄줄) 이후 시장직을 떠나면서 팽개친 적이 있다. 이재명은, '행복이'는 성남시 소유라 자신이 가져가면 공용물 절도죄가 된다고 했지만 성남에서 이용해먹을 때는 시 소유물이 아니라 자신의 반려견처럼 홍보를 했다. 본인 SNS에는 '행복이는 자식과 같다. 행복이 성은 '이'가다. 이행복이다.'라고 쓰기도 했다. 필요할 때는 '자식'이었지만 필요 없을 때는 아주 쉽게 공용물로 처리하는 것이다. (자신의 친아들도 문제가 터지니 '남' 운운할 정도니..) 자신이 데려가려면 얼마든지 데려갈 수 있는 일이었음에도. 결국 이것은 이재명의 위선과 가식, '기심'을 말해주는 것으로, 이재명은 '압구(狎狗–개와 벗함)'를 보여주고자 했지만 사실은 그게 '누를 압(押)자'를 쓰는 '압구(押狗)'였던 것이다.

이와 반대로 문 대통령이 강아지들과 어울리는 사진을 보면, 사진 속 강아지들은 이름이 '행복'이 아닌 진짜 행복한 표정들을 짓고 있다. 진정한 '반구(伴狗)'의 모습이다. 그리고 거기에 ('반구'를 넘어) 가식과 위선이 아닌 진실로 '사람됨'이 있고, 그 '사람됨'이 넘치는 사회가 우리가 원하는 사회이기도 하다.

'돌팔이' 이재명

"미숙한 돌팔이 의사들이 여기저기에서 산부인과 전문의 흉내를 내고 있다. 이런 돌팔이 의사는 새로운 것을 꺼내기 위해서는 제왕절개를 하는 방법밖에 없다고 단언한다."(- 에릭 호퍼)

이재명이 딱 이런 돌팔이이다. 이 자는 산모가 산통만 느끼면 제왕절개 하겠다고 덤비는 자이다. 찢빠들은 그걸 보고 문제를 느끼기는커녕 '사이다'라고 숭배한다. 망나니는 목을 베는 게 그저 직업이었을뿐, 무조건 세상의 배를 가르고 싶어하는 저들은 상당히 컬트적이다. 정치가 아니라 사이비에나 어울릴 듯 싶다. 반대로, 자신에게 이익이 된다면 정작 제왕절개가 필요한 산모는 팽개쳐둔다.

경기도의 트위터 사찰

이재명이 경기도 공무원들한테 자신에 대한 비판을 모니터링 하고 대응하라고 한 이후, 실제로 어느 트위터리안의 트윗을 공개 거론하며 비난하고 있다. 그것도 정부의 '사실은 이렇습니다' 카드뉴스를 표절하여 사실은 이렇다고 하는데, 정작 '사실'은 없다. '도민의 자긍심'어쩌고에다 '비용을 최소화할 계획', '투명하게 할 계획'이라는 '미래형 피셜' 뿐이다. 나중에 생길 순환도로와 이름을 맞춰야 한다고 하는데, 그 역시 '주장'일 뿐 팩트의 증거는 없다. 오히려 정작 '팩트'의 실체인 수의계약 여부, 그 계약의 공정성 여부, '최소'라는 비용이 정확히 얼마인지에 대해서는 전혀 얘기가 없다. 대체 '외곽순환'을 '수도권순환'으로 하면 갑자기 도민 자긍심이 올라가나? 이재명이 지사질하는 것 자체로 이미 자긍심은 땅에 떨어진 판에 말이다. '경기'라는 명칭 자체가 '서울 주변'의 의미인데, 아예 도 이름을 바꾸든가.

게다가 비판 트윗을 직접 캡처해서 이러는 건 SNS 여론을 압박하겠다는 의도라고 할 수밖에 없다. 이재명은 진짜 권력을 쥐면 국정원 동원해 민간인 사찰도 할 듯하다. 자기 형한테 하던 짓을 국민들한테 할 것이고.

대일관이 의심스런 이재명

얼마 전 옆나라 일본의 대표적인 방송이 이재명을 띄워주는 방송을 했다. (그 전엔 어떤 신문에서도 이재명을 긍정적으로 크게 소개) 이게 그냥저냥 어쩌다 보니 방송하게 된 걸까? 근데 지금까지 일본에서 민주당 정치인을 긍정적으로 다룬 사례가 한 번이라도 있었던가? 오히려 열심히 비난만 했다.

이재명은 예전에 이미 '일본인이 좋아졌다'고 말한 바 있다. (그럼 정치인이 일본인을 싫어한다고 해야 하냐고 되묻지 마라. 굳이 좋다 싫다 표현 자체를 할 필요가 없는데 이재명은 했다는 게 포인트다) 일본 방송은 아무래도 그걸 높이(?) 평가하는 것 같다. 이재명이 대일 '저자세'를 보이는 이유는 역시 자신에게 문제가 있다는 것을 알기 때문일 것이다. 뒤가 구린 자는 결코 일본에 대해서도 당당할 수 없다. (쟤들이 한국 유력 정치인의 불륜 패륜을 떠들면 이게 웬 국가망신인가? 하물며 대통령이라면? 끔찍하다.) 전범기업도 끌어들이듯 제2의 '한일 밀월관계시대'가 올지도 모르겠다, 위안부, 징용문제는 다 덮이는.

한국의 무솔리니

이재명을 보면 히틀러보다 무솔리니가 생각난다. 무솔리니는 비천한 집안 출신이 아니었음에도 출신이 한미하다며 '인민의 아들'을 자처했다. 그리고 좌파쪽에서 정치인생을 시작했는데, 거기서 배운 선전선동술을 나중에 극우가 돼 적극 활용하면서 영향력을 확대했다. 그리고 파시스트 민병대인 '검은 셔츠단'을 이끌고 로마로 진군해 (사실상 쿠데타) 권력을 장악했다. 그는 혁명을 내걸고 민중의 삶을 개선하겠다고 했지만 그가 걸어간 길은 '군국주의'였다. 그리고 거창한 '혁명'과는 달리 기존의 기득권 세력과 타협해 그들을 온존시켰다.

그다지 어려운 가정이 아니었음에도 '흙수저' 운운하고, 좌적폐 통진당과 유착하고, '손꾸락'과 '팔토시'들을 거느리고 있는 자, '억강부약'을 내세우지만 (이런 계층갈등 조장 행태 자체가 포퓰리즘) 검, 법, 언론 등 기득권세력에게는 전혀 저항하지 않고 오히려 그들의 살뜰한 비호를 받고 있는 자, 포퓰리즘 외에는 딱히 뭐 하나 정책도 없는 자, 이런 이재명을 '21세기 한국의 무솔리니'로 본다면 억측일까?

변소 이재명

"레닌은 스탈린의 성격을 매우 정확하게 평가하여, 스탈린이 지나치게 거칠고 동료들을 충분히 배려하지 않으며 변덕스럽고 권력을 남용하기 때문에 스탈린을 서기장직에서 해임하는 문제를 검토해야 한다고 지적했습니다.' (-흐루시초프)

(이랬다 저랬다 변덕스러운 게 '기본'이요, 권력을 남용하는 한국의 어느 도지사)

"존경하는 스탈린 동지, 당신은 내 아내에게 전화하여 욕설을 하는 무례를 범했소.'(-레닌의 편지)

(근데 스탈린도 '보확찢'이라고 했던 건 아닌지...)

'호소하건대, 제발 저를 난폭한 사생활 침해, 비열한 욕설과 협박으로부터 보호해주십시오.' (- 레닌 사후 레닌의 아내가 당 동료에게 보낸 편지)

(형수에게 욕질하고 그 형님 가족의 사생활을 침해하고 욕설 퍼붓고 협박했던 찢탈린)

"스탈린이 일련의 경우에서 보여주었던 조급함, 난폭함, 권력 남용 등이 여기에서도 드러났다는 점입니다.' (-흐루시초프)

(스탈린이 보여준 걸 찢탈린 역시 모두 보여주었음)

'도끼질을 할 때는 나무 파편이 튈 수밖에 없다'라는 러시아 속담으로 스탈린을 옹호하는 사람들도 있었다고 한다. 행위의 목적만 중시하고 그 과정과 방법은 무시하는 태도다. 파편이 튀는 것도 어느 정도다. 도끼질도 거지같이 하면 남는 원목은 없고 죄다 파편이 될 수도 있다. 스탈린을 옹호하다가 나중에 정신 차린 소련작가동맹의 파데예프는 "나는 내가 사원(寺院)을 지키고 있는 것으로만 생각했는데 알고 보니 그것은 변소"였다고 했다.

(이상의 내용은 흐루시초프 연설문 〈개인 숭배와 그 결과들에 대하여〉 참조)

이재명이 전과4범인 것도 무슨 정의로운(?) 일 하다가 파편 정도 튄 것으로 여기는 '찢깍지' 씌인 자들아, 애초 그 자의 '도끼질'이 불법 채벌이었다. 그리고 이재명 역시 사원이 아니라 변소야.

수구 몰락의 반대 급부가 '좌파 파시즘'이어서는 곤란하다.

이재명이 하는 일들의 특징

　이재명이 경기대 기숙사를 코로나 확진자 병상용으로 강제 징발하는 과정에서 사전에 학교나 학생 측과 전혀 사전협의가 없었다는 문제 외에 또 하나 논란이 되는 문제가 있다. 경기대 기숙사는 민자기숙사로 서희건설이 지었는데 적자라고 한다. 서희건설에서 학생들에게 환불해야 할 24억을 아직 환불 안한 상태라 소송중이라고도 한다. 경기도에서 병상확보용으로 쓰게 되면 도에서 그 비용을 부담해야 된다. 경기도의 수많은 연수원이나 국립대 놔두고 사립인 경기대의 기숙사를 징발한 것은 결국 서희건설을 세금으로 도와준 셈이 된다.

　그러고 보면 그동안 이재명이 해온 일에서 일관되는 게, 이득을 보는 특정집단이 반드시 있다는 것이다. 상품권의 코나아이와 깡 업자들, 순환고속도로 표지판 교체업체, 버스라운지 건물주, 인테리어 업체 및 직원, 서희건설 등등. 물론 다 세금이 들어간다. 도민 전체적으로 이득을 보는 건 없다. 오히려 버스비, 공공요금만 처올린다.

자리와 사람

주역의 괘 중 '효'(爻)의 자리를 '위'(位)라고 일컫고, 효가 자기 자리에 있는 것을 '득위'했다고 하며 그렇지 않은 경우를 '실위'했다고 한다. 사람의 경우는 70%의 자리가 득위의 비결이라고 한다. 100의 능력이 있으면 70의 능력만을 요하는 자리에 가야 득위라는 것이다. 남는 30이 창조의 공간, 여유의 공간이다. 반대로 70의 능력밖에 안되는 사람이 100의 능력을 요하는 자리에 가면 그 부족한 부분을 함량미달, 권위, 거짓으로 채울 수밖에 없다.(- 신영복, [담론] 참조)

70은 커녕 7도 안 되는 능력으로 100의 자리에 가있는 자가 있다. 그 부족한 걸 포퓰리즘 정책, 권위(자신의 지시에 따르지 않으면 정치보복을 하고, 자신을 비판하는 시민은 고소고발), 거짓(이건 뭐 입만 열면...) 그리고 언플질로 채우고 있다. 부족한 함량이 많은 만큼 억지로 채우는 강도도 심하다.

세이렌의 노래

트로이 전쟁 후 집으로 돌아가는 오디세우스의 여정은 숱한 죽음의 고비가 얽힌 고난과 모험의 길이었다. 그중 하나가 '세이렌'이라는 바다 요정들을 만난 것이었다. 노래로 사람을 유혹해 죽게 만드는 요정들이었다. 소리는 감미롭지만 정신을 나가게 해 결국 파도에 휩쓸려 죽게 되는 것이었다. 다행히 오디세우스 일행은 미리 키르케란 존재의 주의를 듣고 귀를 막아서 대비해 위험을 넘긴다. 오디세우스 본인이 미처 귀를 막지 못해 반쯤 정신이 나가자 그 부하들이 오디세우스를 돛에 묶기도 했다. 자신들의 노래가 통하지 않자 결국 몇몇 세이렌들은 스스로 죽어버리기도 했다고 한다.(영어의 'siren'은 여기에서 유래되었다고 한다.)

지금, '불로소득'을 주겠다는, 듣기에는 '감미로운'(?) 소리가 들린다. 정상적인 기업 살리기조차 '재벌 특혜'로 몰고, 결국 현 정부를 재벌에게 특혜나 주는 정부로 상징조작하면서 말이다. 그 소리에 취하면 결국 개인도, 국가경제도 휩쓸려 죽게 되지만 이재명은 그런 건 상관 않는다. 그저 자신이 국민을 생각하고(?) 일 잘한다는(?) 이미지만 조작하면 그만이다.

'전국민 지급', '기본소득', '상품권'을 반드시 연계시키는 이유

이재명은 페이스북에 "사사건건 정부 정책 발목 잡고 사실 왜곡을 일삼는 통합당이야 그렇다 쳐도 부총리님께서 국정 동반자인 경기도지사의 언론 인터뷰를 확인도 안 한 채 '철이 없다'는 통합당 주장에 동조하며 책임 없는 발언이라 비난하신 건 당황스럽다"며 "'30만 원 정도 지급하는 걸 50번, 100번 해도 서구 선진국의 국가 부채비율에 도달하지 않는다'는 발언은 지급 여력이 충분하다는 걸 강조한 것"이라고 했다. 그러면서 "이 발언을 '재난지원금을 100번 지급하자'라거나 '100번 지급해도 재정 건전성이 괜찮다'고 말한 것으로 (홍 부총리가) 왜곡했다"고 주장했다.

30만 원씩 전 국민에게 지급하면 대략 15조, 이것도 국가예산에서 결코 작은 돈이 아닌데 그걸 50번 하면 750조다. 100번 하면 천5백조. 그런데, 100번 해도 서구선진국 국가부채비율에 도달하지 않는다는 건 그만큼 한번 지급할 여력이 있다는 걸 강조한 거라고?

1회성으로 15조만 쓰는 것도 결코 지급 여력이 충분한 게 아닐뿐더러 (이것도 엄청난 출혈을 감수해야 하는 것, 선별지급으로 액수를 줄여야 한다. 근데 큰 효과도 없는 단발성 지원금을 무리해가며 왜 써야 하는지 의문), 외국 국가부채비율에 도달만 안하면 재정건전성에 문제 없다는 건 대체 뭘 믿고 내지르는 소리인지 모르겠다. 국가부채비율이 가파르게 상승해 신용등급 떨어지면 본인이 책임질 건가?

　(재정건전성은 사람의 건강과 같다. 그걸 문제 삼는 건 사람이 굳이 그렇게까지 건강할 필요가 있냐고 하는 것과 다를 게 없다. 지금 당장 갈증이 나니 탄산음료라도 많이 들이키는 건 건강에 전혀 도움이 안 되며, 스트레스나 여러 가지 이유로 인해 건강이 나빠지고 있다고 해서 (현재 코로나 극복을 위한 지출에서 기인한 빠른 채무 증가속도) 건강 자체를 포기할 수는 없는 것이다. 당장 목 마른데 건강이 무슨 소용이냐 하는 게 이재명이며 (그것도 대선놀음을 위해), 건강을 포기할 수 없다고 하는 게 홍 부총리이다.)

　이재명이 말하는 '기본소득'은 진짜 기본소득도 아니다. 기본소득은 무조건성, 보편성, 충분성과 함께 현금지급을 원칙으로 하기 때문이다. 현금으로 지급해야 공공기관의 인력낭비, 시간낭비를 줄일 수 있고, 특정이해집단(예를 들어 상품권업자와 깡 업자)과의 결탁을 막을 수 있기 때문이다. 상품권은 기껏해야 '푸드 스탬프'나 '바우처' (이런 걸 '기본소득'이라 하지 않는다)의 개념에서 벗어나지 않는다. 사용제한이 있는 소득에 '기본'이란 말을 붙이는 것부터가 언어도단이다.(카드처럼 수입이 공개되므로 상품권을 받지 않으려는 업소도 나올 수밖에 없다.)

그럼에도 이재명이 '재난 기본소득 전국민 지급' 운운하면서 상품권 얘기를 빼놓지 않는 배경을 의심할 수밖에 없다. 정말로 재난지원(!)에 관심이 있다면 굳이 상품권에 목맬 이유가 없기 때문이다.(재난의 어려움은 각자가 다르고 따라서 지원금의 용처도 자유로워야 제대로 '지원'의 효과를 낼 수 있다.)

그럼 이재명이 '선별 지급' 하더라도 상품권으로 주면 된다고 하지는 않는 이유. 지금의 한시적인(!) '재난지원금'을 평생 일상적이어야 할 '기본소득'으로 혼동시키고 그걸 자신의 공적으로 내세우기 위함이다. (만일 정부에서 전 국민에게 지급하면 자기의 '기본소득론' 때문에 결국 정부에서 그렇게 하게 된 거라는…) 그런데 '선별 지급'은 '기본소득론'과 연계시키는 게 아예 불가능하다. 그 정치적 이해관계 때문에 '전국민 지급' 타령은 포기할 수가 없다. (경제는 과학이 아니라 정치라는 건 그 고백인 셈)

즉, 자신의 이익 (전국민 지급을 통한 '기본소득' 홍보)과 코나아이와 깡 업자들의 이익 (상품권) 두 가지는 어느 하나도 놓칠 수 없는 것이며, 따라서 두 가지를 다 할 수만 있다면 일회성 단 10만 원이라도 상관이 없는 것이다. 그게 실제로 국민들에게 도움이 되느냐 안 되느냐는 이재명의 관심 밖이다.

(코로나가 진정이 안 되어야 '재난지원금'의 불씨가 사라지지 않고

언제든 다시 '전 국민 지급', '기본소득' 운운할 수 있다. 이재명이 코로나 방역에 관심 없는 이유 중 하나다.)

　이재명의 '전 도민 10만 원씩 상품권'은 1조 원 넘는 돈을 '푼돈'으로 용해시켜버리는 것. 포퓰리즘인데, 정작 취약한 계층의 고통은 외면하고 도민들과 차기 도지사에게 엄청난 부채의 고통을 안기는 사디즘이기도 하다. 그래서 이재명은 사도포퓰리스트(Sado-Populist)다.

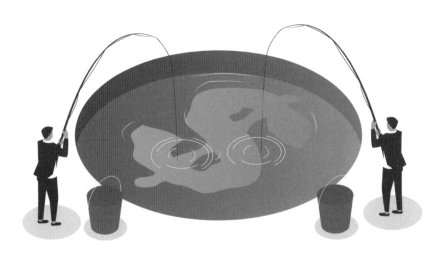

머리 쓸 필요 없는 '무차별 지급'

"돈을 주거나 돈을 쓰는 일은 누구나 할 수 있지만, 적당한 사람에게 적당한 정도로 적당한 때에 적당한 이유에서 적당한 방법으로 그렇게 하는 것은 아무나 할 수 있는 일도 아니고 쉬운 일도 아니다."

도덕적 미덕으로 '중용'을 강조하면서 아리스토텔레스가 [니코마코스 윤리학]에서 한 얘기. 적당한 사람에게 적당한 정도로 적당한 때에 적당한 이유에서 적당한 방법으로 돈을 쓰는 게 바로 지금 우리가 지향해야 할 보편복지의 내용일 것이다. 필요한 사람에게 필요한 복지를 시행하여 복지의 사각지대를 없애는 것, 그 보편복지의 인문학적 바탕이 지나치지도 모자라지도 않은 중용이며 도덕적 미덕이 되는 셈이다.

그냥 돈을 쓰는 건 쉬운 일이다. '묻지 마'식 상품권 뿌리기, '따지지도 마'식 대출. 말로 내뱉는 건 어렵지 않다. 그리고 그냥 저지르는 것도 권력이 있다면 쉽게 할 수 있다. 어렵게 여러가지 조건이나 행정절차나 경제여건 등을 고려할 필요도 없다. 누구에게 어떤 복지가, 어떤 대출제도가 필요한지 굳이 연구하지 않아도 된다. 머리 쓸 일이 없다. 그러나 그 두뇌작용의 '모자람'은 실제행동의 '지나침'으로 나타난다. 그리고 그 '모자람'은 뇌 세포가 모자란 자들의 환영을 받는 희극으로 이어지고, 그 '지나침'은 나라 경제를 휘청이게 하는 비극으로 이어질 수밖에 없다.

결점완전체, 기본소득론

이재명이 '기본소득'에 관한 자신의 생각이 완전무결하다고 생각하진 않는단다. 누가 보면 이재명의 '기본소득론'이 아주 조금 문제가 있는 줄 알겠다. 그러나 '기본소득론'은 이재명의 인성과 능력 그대로다. 그냥 결점완전체다.

조금 문제가 있는 정도라면 뭘 어떻게 고칠 것인가? 10만 원 준다는 걸 9만9천 원 주는 걸로 하면 완전해지나? 태아까지 주는 걸로 하면 완전해지나? 국방비나 복지예산 삭감이 아니라 그 어떤 눈 먼 돈이라도 끌어오면 완전해지나? 상품권이 아니라 현금으로 주면 완전해지나? (다시 말하지만 이재명의 기본소득 운운은 상품권 팔이를 위한 것이다. 상품권이 몸통이고 기본소득이 그 포장지라 할 수 있다)

기본소득이란 것 자체가 전 국민에게 똑같은 액수의 돈을 뿌린다는 것인데 여기에 결점이 있다면 그냥 폐기하는 게 마땅하다. '전 국민'이나 '똑같은 액수'의 그 어떤 걸 조금만 손봐도 그건 결국 기본소득이 아니기 때문이다. (푼돈을 한시적으로 뿌리는 것 자체가 짝퉁 기본소득)

‘부분적 기본소득’이라고도 말하는데 이건 ‘둥근 사각형’ 같은 말장난에 불과하다. 재원이나 시기 등 방법적인 문제들은 기본소득의 기본명제 자체를 건드리진 않는다. 따라서 그런 걸로 완전이니 결점이니 하는 걸 따진다면 그 자체가 어불성설이다. (대체, 나랏돈 수백조를 날린 다음에 ‘아 미안. 완전무결하진 않아서 그래’ 이러겠다는 건가?)

지금 이재명이 이런 말을 하는 건 몇 가지 속셈이 있을 것이다. 여러 사람들이 비판하는 상황에서 이 분위기가 지속되면 토론을 강요받게 될 지도 모른다는 것, 그래서 ‘발리기‘ 전에 슬쩍 한발 빼고자 하는 것이다.

(이재명 왈 “‘논쟁’ 중심에서 ‘실행’ 중심으로의 이동” – 해석 : 기본소득 토론은 ‘발리기‘ 땜에 못한다. –

그런데 그 ‘실행’이 옳으냐 그르냐를 먼저 따져야 하는 게 상식이다.)

한편으론 자신이 고집불통이 아니라 생각이 유연한 사람(이 아니고 사실은 몸이 유연한 낙지)인 것처럼 어필하려고 하는 생각도 있을 것이다. 그런데 기본소득에 관한 생각이 완전무결한 게 아니라면 폐기한다고 공식 선언하는 게 나을 것이다.

보편복지를 없애고 세금 폭탄을 동반할 기본소득론

이재명이 닭 운운하더니 이젠 호미를 꺼냈다. 이 호미 저 호미 다 필요하듯 재난지원금 보편(사실은 '무차별'), 선별 다 필요하다는 식으로 얘기한다. '무차별 상품권 살포'만이 길이요 진리요 생명인 척하더니 요즘 아무래도 좀 '쫄리나'보다.

'무차별 살포'('보편'이란 이름이 오염되니 이렇게 쓰는 게 맞다)와 선별(복지의 사각지대를 없애는 보편복지)은 공존이 가능한 논제로섬 게임이 아니라 제로섬 게임이다. '무차별 살포'를 위해선 기존의 복지를 줄이거나 없앨 수밖에 없기 때문이다. 기본소득 재원을 얘기하는 것들은 실제로 실업수당과 공공부조를 없애겠다고 하고 있다. 결국 취약계층을 위한 '국민기초생활보장제도'가 사라지고 억대 연봉이든 실업자든 (내는 세금은 다를지라도) 똑같은 돈을 받게 되는 것이다.

거기서 그치지 않는다. 그야말로 세금 폭탄이다. 모든 소득의 5%인 기본소득세 및 탄소세와 로봇세 신설, 1% 정률의 재산세 및 국토보유세, 법인세 인상 등등을 얘기한다. (그런데 애초에 그런 명목으로 증세한 돈으로 기본소득질하는 건 조세 목적에도 어긋난다.) 그래서 무려 212조의 증세가 필요하단다. 현재 1년 세수 300조인 나라에서 말이다. 결국 지금보다 두 배 가까이 세금을 더 내야 한다.(증세 없다는 것은 물론, 부유세만 신설한다는 것도 사기였음. 그걸로는 아예 불가능하니…)

그렇게 세금 내고 받는 돈은 한달에 꼴랑 30만 원으로 최저생계비에도 턱없이 모자란, 그야말로 푼돈이다. 200조 이상 증세한 후 무차별 살포하면 (긴축정책이 아니게 되므로) 통화량은 늘어날 수밖에 없으며 인플레는 기본으로 따라온다. 따라서 30만 원의 실제가치는 20만 원대로 떨어질 수밖에 없다. 거기다 부가가치세까지 인상한다니 당연히 인플레는 심화될 것이다. 이건 곧 소비 하락과 경기침체로 이어진다. 취약계층만 무너지는 게 아니라 중산층 전체가 무너질 짓을 하겠다는 것이나 다름없다.

거기다 200조 넘는 돈을 죄다 상품권으로 뿌린다면 노나는 건 '깡업자'들 뿐이다. (200조 넘는 상품권량, 제정신으로 할 짓인가?) 이게 이런 호미, 저런 호미에 들어갈 일인가? 호미 잘못 쓴다고 밭이 망하진 않는다. 그러나 '무차별 살포'질은 나라를 망하게 하는 짓이다.

(사실 이재명은 애초에 기본소득이 뭔지도 몰랐고 지금도 모르고 있는 게 확실하다. 가장 중요한 재원 마련부터 증세문제에 오락가락하는 '증세'를 보이고 있다. 게다가 '보편복지'와 충돌한다는 것도 모르고 지금은 이것저것 다 필요하다는 식. 그냥 처음에 '돈 주면 사람들이 좋아하겠지, 그럼 내 지지도도 오르고. 상품권으로 주면 나한테도 떨어지니 더 좋고 ㅋㅋㅋ' 이렇게 시작했을 확률 백퍼.)

재난은 누구에게나 똑같지 않다

찢빠들의 '재롱둥이' 김제동은, 선별 지급은 "폭풍우 치는 바다에서 더 급한 배에만 등대 불빛을 비추자는 결정이다. 급하지 않은 배가 어딨다고"라고 했다. 그러나 똑같이 폭풍우 치는 바다에 있다고 해서 항공모함과 나룻배의 처지가 같지 않다. 자체적으로 전력 생산하면서 스스로 불을 밝힐 수 있고 레이다까지 갖춘 항공모함에 굳이 불빛을 비춰줄 필요는 없다.(전기세 아끼자.) 좀더 근본적으로, 웬만한 강풍은 항공모함엔 폭풍우 축에도 못 드는 거고, 약간의 심한 바람도 나룻배엔 허리케인이 될 수 있다. 지금의 상황은 여기에 더 해당된다.

(한 번 강연에 수백 수천씩 버는 당신이 월세도 제대로 못내는 사람들과 똑같이 돈을 받아야 직성이 풀리겠는가?)

상품권과 지역화폐

지역화폐 관련논문들을 좀 찾아봤는데, 지역화폐는 크게 두 종류가 있다고 한다. 하나는 노동력 교환용 지역화폐인데 대표적으로 LETS (local exchange trading system)가 있다. 그리고 다른 하나는 지역경제 자립과 활성화를 지향한다는 상품권 기반의 지역화폐다. 이재명이 떠드는 지역화폐는 오로지 두 번째의 상품권만을 말한다.(레츠, 아워즈, 타임달러, 에코머니의 4형태로 구분하는 것도 있으나 여기선 생략. '지역화폐' 전도사인 척 구는 이재명은 들어본 적도 없을 듯.)

노동력 교환용 지역화폐는 지역주민 스스로 협동과 연대를 위해 지역주민 스스로 발행하는 화폐이고 법정통화로 전환이 불가능하다. 주로 지자체가 주체가 되고 법정통화로 전환이 가능한 (이 과정에서 깡이 발생) 상품권과 다르다. 캐나다의 어느 작은 섬마을에서 시작됐다는 레츠는 일종의 다자간 품앗이 제도이다. 레츠 화폐를 운영하는 지역공동체에 가입한 사람들끼리 서로의 노동과 상품을 제공한 대가로 지역화폐를 주고받는 건데, 실제로 어떤 유형의 화폐를 주고받는다기보다는 거래내역을 사무국에 보고하는 걸로 대체된다. 자신이 서비스나 상품을 제공하면 '+ 얼마', 소비하면 '- 얼마'로 기록되는데, '+' 양만큼 나중에 소비할 수 있고, '-' 양만큼 나중에 갚아야 하기 때문에 공동체의식과 신뢰를 필수적으로 요구한다.(대전의 '두루', 고양시 풍산동의 '그루'가 이런 유형의 화폐인 듯) 이런 지역화폐는 '깡'이 아예 불가능하다. 따라서 이재명이 전혀 관심을 두지 않는다. 그 자가 관심을 두는 건 오로지 종이 (및 종이와 다를 게 없는 충전형 카드) 상품권뿐이다.

여러 지자체에서 경쟁적으로 뭔가를 내세우기 위해 상품권을 남발하고 있는데 그게 애초의 의도처럼 효과가 없다는 건 조세연 연구보고서가 말해준다. 게다가 발행비용, 행정비용 등을 따지면 오히려 해당지역 전체적으로는 마이너스다. 지역 상권에 아주 조금 도움이 된다는 주장은 온누리 상품권만으로도 그 대체가 가능하다는 점에서 영양가 있는 주장이 못된다. 지역 상품권은 가뜩이나 사용처도 제한된 마당에 발행을 늘려 잔고가 증가하는 실정이다. 결국 불법적 환전, 즉 깡의 규모만 키워주고 있는 꼴이다.

(다만, 전자화폐(모바일 결제)는 화폐의 흐름을 투명하게 보여줘 불법적 환전을 줄일 수 있다고 하니 모든 상품권을 모바일로만 발행한다면 깡은 없어질 수도 있다. 그런데 입만 열면 '기본소득', '지역화폐'를 떠드는 이재명에게 물어보라. 과연 레츠 같은 지역화폐와 100% 전자화폐 상품권에 찬성하느냐고.)

상품권을 '지역화폐'라고 우기는 이유

자본주의 사회에서 물건은 상품이 지배하고 상품은 화폐가 지배한다고 한다. 그리고 그 화폐를 지배하는 자가 사실상 최고의 권력을 갖는다.(미국의 패권은 그래서 가능) 상품권을 자꾸 '지역화폐'라고 하는건 '화폐 같은 권력', 그리고 '화폐를 지배하는 듯한 권력'을 누리고 싶기 때문이다. 즉, 경제논리가 아니라 어디까지나 권력논리다.

이재명이 내세우는 게 '지역상권 활성화'다. 근데 진짜 그런 이유라면 상품권이라는 공식명칭을 굳이 마다할 이유가 없다. 상품권이라고 하면 활성화가 안 되고 '지역화폐'라고 해야 활성화가 된다는 건가? 그런 증거라도 있나?

실상은 '상품권'보다는 '지역화폐'라고 해야 좀더 그럴 듯하게 보이기 때문이며, 화폐가 갖는 권력과 권위 이미지를 자신에게 투영시키고자 하기 때문이다. 그리고 자신을 상품권 따위(?)를 주관하는 게 아니라 거창하게도 '화폐'(?)를 주관하는 사람으로 위치시키고 싶은 것이다. 결국 자신의 '권력에의 욕구' 그것뿐이다. 경제나 지역상권은 사실

안중에 없다.

(지방자치단체를 '지방정부'라고 반헌법적 언사를 하는 것도 마찬가지)

"돈은 인간의 삶에서 나타나는 모든 외형적 가치의 상싱이자 원인이다. 또 개인이 고유한 영역 내에서 이룰 수 있는 가장 내면적인 것을 지켜주는 수문장이 되기도 한다." (– 게오르그 지멜)

상품권은 이재명의 삶에서 나타나는 모든 외형적 선동의 상징이자 원인이다. (기본 어쩌고 등 모든 행동은 상품권에서 기인해 상품권으로 귀결된다.) 또 이재명이 고유한 영역 내에서 축재를 이룰 수 있는 가장 내면적인 것을 지켜주는 수문장이 되기도 한다.

(코나아이는 누구 거?)

쉬어가기

〈새 우리말 찢사전〉- 기본 시리즈

기본불륜 : 불륜을 하되 현관에서 바지 벗기

기본패륜 : 형님에게 'ㅆㅅㄱ'라고 하면서 정신병원 강제입원 시도하기, 형수에게 '보화찢' 욕설하기.

기본운전 : '음주운전'과 동의어

기본표절 : 논문의 70% 이상을 통째로 베끼기. 69%면 기본에 미달.

기본사칭 : 같은 당 시장을 음해하기 위하여 검사 사칭하기, 다른 거 사칭은 '기본'이 아님.

기본업무 : 원래 일은 안하고 세금 퍼부어 자기 홍보하기.

기본활동 : 사람들이 관심 갖는 일이나 다른 사람들이 이미 해놓은 일에 뒤늦게 숟가락질 하기.

기본전과 : 전과 4범 이상을 가리킴. (3범이면 기본 미달.)

〈이재명박〉

이명박 - 재벌 프렌들리 / **이재명** - 깡업자 프렌들리

이명박 - 4대강 / **이재명** - 기본소득

(부정한 유착, 그리고 자기 망상 속의 개인업적(?)을 위해 국가재정 거덜내는 걸 우습게 생각하는 공통점.)

이명박 – '못생긴 여자가 서비스 좋아' / 이재명 – 형수 쌍욕
(요즘 유행하는 용어인 '성인지 감수성' 제로)

이명박 – BBK, 다스 / 이재명 – 코나아이

이명박 – 전과 11범 / 이재명 – 전과 4범 (실제 5범)

이명박 – '내가 해봐서 아는데' / 이재명 – '일 잘하는' 이미지 조작
중

이명박 – '군밤장수, 고학' / 이재명 – '흙수저, 소년공'(? 소년원?)
(자신을 입지전적 인물로 포장하기, 능력 사기치기, 그러나 실제론
아는 것도 할 줄 아는 것도 없는 무능력 공통점)

그러나 이재명은 이명박을 뛰어넘어 이재명박으로 진화(?),

우적폐 '찌라시'만 보위해준 이명박과 달리 좌우적폐 모든 '찌라시'가
싸고도는 이재명박.

일베와 오렌지운동권이 함께 지지하는 이재명박.

상대 당도 아무 소리 안 해주는 이재명박.

전두환의 포악과 이명박의 사악을 합친 이재명박.

〈이재명을 통해 본 한글 닿소리〉

ㄱ : 경끼도

ㄴ : 낙지

ㄷ : 도른지사

ㄹ : 리재명박

ㅁ : 모라토리엄개뺑, 마늘까기

ㅂ : 보확찢, 박스떼기, 버스비인상

ㅅ : ㅅ ㅂ ㄴ 아 재판받고가냐, 숟가락질

ㅇ : 옥수동그녀, 언플질, 오랄챔피언

ㅈ : 자점이, 정뚱, 조지사

ㅊ : 친구비, 춘장친구

ㅋ : 칼꽂기전문

ㅍ : 표절

ㅎ : 혜경궁

〈(사설시조) – 자점사(詞) –〉

하긔도 못넘은 고법고개 맹박이도 못넘은 대법고개

산진이 수진이 해동청 보라매도 다 못넘는 고개

낙지는 혼자 넘어 적폐의 끝판왕 되는고나.

개새끼 여라믄이나 있으되 이런 개새끼 또 있을까

좌우적폐들에겐 꼬리를 홰홰치고 반기며 내닫고, 정부에는 뒷발을

바등바등 무으락 나으락 캉캉 짖는 요 개새끼

쉰 밥이 그릇그릇 난들 너 먹일 줄이 있으랴

〈경기도 영화제〉

경기도에서 한다는 영화제엔 다음과 같은 작품들이 출품될 예정이
라고 한다.

모두 관객 기분에 따른 소득을 노리는 '기분소득' 영화들.

〈극한알바〉 '총신 자려' 매크로를 돌리는 사람들의 이야기

〈기생청〉 남이 한 일에 숟가락만 올리는 경기도청의 하루를 다룬 다큐

〈옥수동 전투〉 현관에서부터 바지를 벗고 마치 전투하듯 덤비는, 어느 짠내(!) 나는 사내의 액션 노출극 (전라 노출 영화, 절대 19금)

〈악연전〉 민주당과 오렌지의 인연, 그 악연의 연결고리는?

〈가장 보통의 불륜〉 가짜 총각 행세는 징녕 불륜에서 보통 있는 일인가?

〈부선행〉 부선에 가야 내 물건(?)이 산다.

〈살인미수의 추억〉 시민을 정신병원에 강제 입원시켜 골로 보내고자 했던 미제사건을 추적하라.

〈그찢 목소리〉 욕설로 사람을 실신시키는 전대미문의 사운드 폭력극

〈음주운전사〉 술 취하지 않으면 운전을 안하는 (Don't drink Don't drive) 어느 검사 사칭인의 사기 인생

〈혜경, 궁녀가 된 여자〉 궁에 처박혀 당대 국왕들 저주하는 주문만 외우며 왕비를 꿈꿨으나 끝내 그 궁의 무수리가 된 여자의 일생 (이번 영화제 유일한 사극)

〈'찢부인전'〉

찢부인의 성은 '찢'이요, 이름은 '궁'이다. 계보는 '찢곤돈(緄獤- 띠 모양의 담비 종류 모피. '회임'을 피하고자 할 때 주로 사용하던 물건) 씨에서 시작되었다. 하필 그 부모가 사용한 '곤돈'이 찢어져 태어난 관계로 그런 성씨와 이름이 붙었다. 그 후손 가운데 하나는 마른 오징어 등 건어물 찢는 일을 주로 해서 황제(黃帝)가 그를 뽑아 낙지 관리까지

맡겼다. 우(虞)나라 때의 '찢파'(潑-성질이 난폭하여 붙은 이름) 역시 그의 후손이다.

여기서 딸 하나를 낳았다. 바로 찢부인이다. 처녀로 있을 때 피아노(披芽孁 - 식물 싹만 보면 찢는 원숭이) 키우기에 관심을 두었다. 차츰 자라자 자점공이 혼인하기를 청했다. 그 부모가 말했다. "자점공은 견자이나 돈은 잘 벌 것이니 떵떵거리고 살 수는 있을 것이다." 이리하여 부인을 그의 아내로 보냈다.

이로부터 부인의 성질은 더욱 더러워져서 일을 분별함이 없었다. 그의 이러한 성질은 '턱주가리 부인'이나 '발가락 부인'이 설쳤던 것조차 돌아볼 가치가 없었으니, 하물며 평범한 여염집 아낙네에 비교할 수 있으랴. 찢부인은 자점공이 지방 수령 권력을 이용해 자신의 가형을 '정신병도'라는 무인도에 강제로 보내려 할 때도 질녀에게 쌍욕을 날릴 정도의 품성을 보였다.

안개 낀 아침이나 달 밝은 저녁, 바람을 임해서 투위타(鬪慰埵-사람들이 모여 싸우기도 하고 서로 위로도 하는 언덕)에 올라 주문을 외는 독기어린 모습은 무엇으로도 형용할 수 없는 정도였다. 찢부인은 투위타에서 덕망있는 황제들, 즉 과거의 노제(盧帝)와 현재의 문제(文帝) 등에게 패륜질 하는 주문을 주로 외웠다. 진짜 여인네가 맞나 싶을 정도였다. 의를 좋아하는 사람들은 그 모양을 그려서 똥과 쓰레기의 본으로 삼았다.

그런데 찢부인은 지아비에 대한 만절(晚節)은 있어 자점공이 다른 여인네와 놀아나고 여러 문제를 일으켜도 (적어도 겉으론) 한번도 투기하거나 투정을 부리지 않았다. 그것은, 호적대장도 만지작거릴 수 있는 자점공이 자신의 성씨를 바꿔줄 수 있다고 여겼기 때문이다. 찢부인은 자신의 성씨를 '영'으로 바꿔 '영부인'으로 불리기를 원했다. '영부인'이 된다면, 성씨를 물려준 조상쯤이야 가볍게 찢어버릴 수 있다는 마음가짐이었다.

어느 해인가, 투위타에서 황제들을 능멸한 죄로 포도청에 나가게 되었다. 그러나 증좌가 한둘이 아님에도 찢부인 본인은 그걸 인정하지 않았다. 이걸 두고 사람들은 "역시 찢부인, 찢어진 입이라고 전엔 말을 함부로 하더니 이젠 양심마저 찢는구나" 하였다.

사씨(史氏)는 말한다. 찢씨의 조상도 그저 그렇지만 찢부인이야말로 가증스럽다고 하겠다. 아아! 부인은 이미 견자와 짝지어 살아서 남에게 민폐함이 되었건만 덕망 있는 우리 황제들까지 능멸했으니 어찌 용서를 하겠는가. 이미 다른 죄도 많은데다가 이런 찢부인과 어울린 자점공의 죄는 더욱 커지니, 저들이 천도(天道)는 아는 것이 없다는 말이 과연 헛말이 아니로다.[17]

----

17 이곡(목은 이색의 부친) 선생의 〈죽부인전〉 패러디이며, 혜경궁 트윗 실체가 이재명보다는 김혜경으로 초점이 맞춰져있을 때 작성. 나중에 경찰 수사 결과 트윗의 70%가 이재명 집무실에서 이뤄졌다고 밝혀짐.

혜경궁 홍씨와 김씨

[한중록]을 쓴 혜경궁 홍씨, 혜경궁은 사도세자의 죽음으로 인한 설움은 별로 없었다. 오히려 죽었으면 좋겠다는 생각까지 갖고 있었다. 사도세자가 온양에 갔을 때는 안 돌아왔으면 좋겠다고 했고, 학질에 걸렸을 때는 '그 길로 그냥 가시지'라고 할 정도였다. 그도 그럴 것이, 사도세자는 심한 정신질환을 앓고 있었기 때문이다. 혜경궁을 수차례 폭행도 했고, 죽인 사람이 무려 백여 명이다. 한 내관의 목을 잘라서는 피가 뚝뚝 떨어지는 머리를 혜경궁 눈 앞에 내밀기도 한 적이 있었다. 사도세자는 끝내 아버지 영조까지 죽이려고 했고, 이것이 뒤주에 갇혀 죽은 결정적인 계기가 됐다. 사도세자의 생모까지 사도세자가 차라리 죽는 게 낫다고 생각해 그 비행을 영조에게 고하고 단죄를 청할 정도였다. 손자(정조)의 목숨이라도 지켜야했기 때문이었으리라. (실제 역모를 실행에 옮겼으면 정조까지 죽었다.)

찢부인 혜경궁 김씨의 인내심(?)은 혜경궁 홍씨를 능가하는 것 같다. 숱한 불륜 얘기가 나와도 꿋꿋하다. 단 하나, '찢부인'을 '영부인'으로 바꾸기 위해. 남편에게 '참지 마' 어쩌고 하더니 본인은 진짜 잘 참는다. 우리야말로 혜경궁에게 말하고 싶다.'참치 마요'^^

(그나저나 혜경궁의 남편들은 왜 다 정신병자인가.)

깨시연의 변호사비 대납의혹제기는 왜?

이재명의 변호사비 대납의혹 출발은 간단하다.

김경수 전 경남지사이다.

김경수 지사는 드루킹 사건하나로 변호사비 6억을 지출했고 그 돈을 마련하고자 집을 팔았으며 현재 가족들이 갈 곳이 없다는 이야기가 언론에 나왔다. 또한 효성그룹 총수가족 비리에 대해 2013년 횡령 관련 소송이 시작된 이래 회사가 변호사비를 김앤장등 121억 지불했으며 조연준 회장 소송 건으로 2017년 수사될 때 김앤장 등186억원을 지출. 총 308억.

효성 계열사도 100억 지급해서 400억이 총수 일가 변호에 지출했다는 기사도 있다. 일반인들은 상상할 수도 없는 천문학적 금액이다.

그럼 이재명은 변호사비로 얼마나 많이 지불했을까? 놀랍게도 변호사비 지출이 2억5천~3억이라 본인이 밝혔으며 본인의 송금내역 통장 사본을 유트브에 공개하고 변호사비는 그게 전부라고 주장하고 있다.

과연 2년넘게 대법까지 간 소송을 과연 그 비용으로 가능할까? 김경수 전 경남지사는 바보일까? 어떤 변호사들일까? 효성 김현준과 이재명의 변호인단은 아래와 같다.

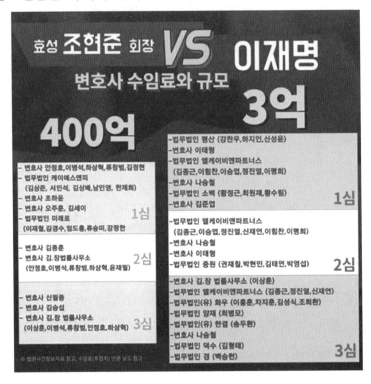

단순비교한 변호인단을 봐도 뭔가 이상하다. 이재명의 변호인단이 훨씬더 위력적으로 보이며 여기서 당연히 이재명의 변호사비 대납의혹이 또 불거진다. 현직 판검사출신의 변호사와 법조기자, 언론인 일반인 모두 뭔가 이상하다고 고개를 갸우뚱할 수밖에 없는 상황인 것이다.

호화변호인단 인물을 보면 소위 전관이라는 대법관 출신, 헌법재판관 출신, 검사장 출신들이 포진 되어있고 이 전관들의 수임료는 일인당 2억 5천이라고해도 놀랍지 않으니 대략 100억정도 추정한다고 고발장에 적시했다.

이재명의 말을 그대로 받아들여 이미 업계에서는 비현실적이라는 금액 2억 5천만원으로 호화 변호인단을 꾸려왔고 그 변호사들이 평소 알고 지내던 친구, 선후배들이어서 평소 일반적인 수임료보다 저렴하게 해주었다고 가정하면 문제가 없는걸까? 뇌물과 김영란법이 기다리고 있다

여기서 기억나는 인물 이명박 전대통령, 그는 왜 감옥 가있나?

변호사비 대납으로 뇌물죄이다

이런 국민적의혹을 깨어있는 시민연대가 대검찰청에 고발했고 그후 중앙지검으로 이송, 현재는 수원지검에서 사건을 맡고 수사중이다.

사건이 돌고돌아 늘 수원지검이 종착지인것도 신기하다.

그리 어려워 보이지도 않는 사건이 수원지검에만 가면 진행이 되지 않는다. 대선후보는 성역인가?

손가락으로 하늘을 가릴수는 없다!

검찰은 수사, 기소에 성역을 두면 안된다.

이병철 의문의 사망 사건

이재명 더불어민주당 대선 후보의 변호사비 대납 의혹을 폭로한 제보자 이병철 씨가 11일 숨진 채 발견되었다. 그는 불과 9일 전인 지난 2일까지도 건강한 모습으로 외부활동을 했던 것으로 알려졌다. 유족과 이병철 씨 측 관계자는 건강에 별다른 이상이 없었다며 일각에서 제기되는 그의 건강이상설을 부인했다.

유족 측은 "심장과 당뇨약 먹었다는 등 이야기가 있는데, 지병이나 병이 급속도로 악화됐다거나 그런 것은 없었다"며 "당뇨 진단을 받은 적도 없고, 약을 복용하신 적도 없다"고 밝혔다.

이 씨는 유서도 남기지 않은 것으로 확인됐다. 유족들에게 별달리 남긴 말도 없다.

경찰은 이 씨의 사망 경위를 조사 중이다. 정확한 사인 규명을 위해 13일 오전 부검을 진행할 예정이다.

국민의힘은 13일, 이러한 이병철 씨의 석연찮은 죽음과 관련해 진상을 규명해야 한다며 "이재명의 데스노트가 있는 것 아닌가"라며 맹공을 퍼부었다.

권영세 국민의힘 선거대책본부장은 이날 선대본·원내지도부 연석회의에서 "최근 믿기 힘든 연쇄 사망 사건에 국민적 의혹과 분노가 극에 달하고 있다"며 이 후보를 정조준했다.

권 본부장은 "이재명 후보 의혹과 관련한 무고한 공익제보자의 생명을 앗아갔다"며 "대장동 개발 비리 의혹과 관련해 검찰 수사를 받던 유한기 전 성남도시개발공사 개발사업본부장, 김문기 개발1처장에 이어 변호사비 대납을 폭로한 이병철 씨가 모텔에서 싸늘한 주검으로 발견됐다"고 말했다.

이어 "국민들은 강한 의심을 떨칠 수가 없다"며 "대장동 특검이 반드시 실현돼 진실이 낱낱이 밝혀져야 할 것"이라고 강조했다.

권 본부장은 "당내에 의문사 진상규명위원회를 설치해서 끝까지 진실을 밝히겠다"고 목소리를 높였다.

김기현 원내대표도 이 후보를 향해 "가히 연쇄 간접 살인사건이라 해도 과언이 아니다"며 공격 수위를 높였다.

김 원내대표는 "이쯤 되면 이재명 후보는 대선후보 자격 자체가 없다"며 "희대의 연쇄 사망 사건에 대해 이재명 후보는 '간접살인'의 정치적·도의적 책임을 져야 마땅하며, 법적 책임 유무를 철저히 규명해야 한다"고 포문을 열었다. 김 원내대표는 "영화 아수라를 본 국민이라면 어느 쪽이 현실인지 분간할 수 없을 정도로 공포감을 느낄 것"이라며 "숨진 이병철 씨는 변호사비 대납 폭로 이후 민주당과 이재명 후보 측으로부터 고소 및 고발 압박을 받았다는 증언이 전해진다"고 주장했다.

그러면서 "이재명 후보와 민주당은 거리 두려고 안간힘을 쓰지만, 다수의 국민은 왜 유독 이재명 후보 주변에서 죽음의 행렬이 이어지는지 의구심이 깊어지고 있다"고 일갈했다.

또 "이재명 후보는 정치적·도의적 책임을 지고 후보직에서 즉각 사퇴하라"며 "잇따른 죽음의 진실을 밝히기 위해서는 특검 외에 다른 방도가 없다"고 단언했다.

국민의힘 이재명 비리 국민검증특위는 성남시청을 항의 방문해 대장동 개발 비리 의혹과 관련해 이재명 후보가 성남시장을 지낼 당시 결재했던 서류 등을 즉각 공개할 것을 촉구했다.

김진태 특위 위원장은 "이병철 씨는 나와도 몇 차례 통화했는데 이분은 제보자라 자살할 이유가 없다"며 "이번엔 죽음으로 '내몰았다'고 하지 말자. 이거 어디 무서워서 일을 하겠느냐"고 꼬집었다.

홍준표 의원은 SNS에서 "대장동 관련 두 명에 이어 이번에는 소송비용 대납 관련 한 명까지 의문의 주검이 또 발견됐다"며 "영화나 드라마에서나 있을 법한 조폭 연계 연쇄 죽음은 아닌지 철저하게 조사해야 할 것"이라고 지적했다.

윤석열 후보는 12일 오후 경기 일산 킨텍스에서 경기선대위 출범식을 가진 직후 기자들과 만난 자리에서 이 씨의 사망 사건과 관련해 "돌아가신 분의 명복을 빈다"며 "검찰에서 철저히 조사를 해서 억울한 죽음이 되지 않게 해드려야 하지 않겠나 생각한다"고 말했다.

윤 후보는 이날 서울 양천구의 한 병원에 차려진 이 씨의 빈소에 '국민의힘 대선후보 윤석열'의 이름으로 조기를 보내기도 했다.

이준석 대표는 이날 SNS에 "왜 이렇게 안타까운 일이 자꾸 일어나는지 모르겠다"며 "이재명 후보가 이분에 대해 어떤 말씀을 할지 기대도 하지 않는다. 지켜보고 분노하자"고 했다.

장예찬 청년본부장도 드라마 오징어 게임의 대사를 인용하며 "'제발 그만 해, 이러다 다 죽어' 이 말을 이재명 후보에게 돌려드리고 싶다"며 "솔직히 무섭다. 목숨 걸고 선기 운동한다는 생각이 든다"고 직격했다.

-고인의 명복을 빕니다.

본 글은 인터넷 뉴스 국민일보, 뉴데일리, 데일리안의 기사를 참고했음을 밝힙니다.

5장

포퓰리스트
이재명

포퓰리즘 문제에 대해 1

　　포퓰리즘은 사실 90년대 이래 흔히 나타난 현상이다. 물론 그 시초는 19세기로 거슬러 올라가나 현재 지구촌 여기저기에서 준동하는 포퓰리즘은 신자유주의와 세계화 물결에 대한 반작용이다. 신자유주의 체제하에서 빈부격차는 확대되었고, 계급갈등은 심화되었으며, '능력주의'는 더욱 맹위를 떨치고 있다. 개인의 성공이 그 개인의 '능력'에 기인한다는 능력주의는 애초에 그 '능력'이란 게 글자 그대로 순수한 개인의 능력이 아니라 그 개인이 가지고 있는 배경과 환경에 절대적으로 의존한다는 것을 간과하고 있는 바, 신자유주의 체제는 그것을 더욱 확대 증폭시키고 있는 것이다. (간단한 예로, 예전과 달리 미국 아이비리그, 한국의 서연고 학생 절대다수가 부유층 자녀들) 결국 신자유주의체제는 능력(?)을 가진 엘리트의 새로운 계급지배체제로서, 대다수 대중들은 날이 갈수록 '부'에서 소외되고 있으며 계층상승의 기회는 단절되고 있다. 여기에다 금융자본이 산업자본을 압도하면서 금융 관련 직종이 아닌 산업체 종사 노동자들은 '사회적 명망'의 추락까지 경험하고 있다. (-마이클 샌델, [공정하다는 착각] 참조)

포퓰리즘은 정확히 이 지점에서 자란다. 파워 엘리트들의 득세와 신자유주의 상황에 불만이 쌓일 대로 쌓인 인민대중들의 감성이 그 토양이다. 엘리트에 맞서싸우는 대중을 옹호한다는 것이 포퓰리즘의 전형적인 레토릭이다. 그리고 포퓰리즘은 좌우를 가리지 않는다.

포퓰리즘 문제에 대해 2

우파로는 프랑스의 국민전선, 덴마크 국민당, 오스트리아 자유당, 브렉시트를 이끈 영국독립당, 그리고 (신자유주의의 충실한 하수인이었고, 누구나 노력하면 사회적 상승을 할 수 있다고 숱하게 떠든 클린턴과 오바마에 염증을 느낀) 백인 하층 노동자들의 전폭적인 지지를 받았던 트럼프 등이 있다. 그러나 이들 우파 포퓰리스트들은 신자유주의의 반대급부를 누렸으나 신자유주의에 대해 제대로 대처한 건 결코 아니었다. 자국의 노동자들이 이민자들에 대해 가진 반감을 이용해 인종주의로 나갔을 뿐이었다. 기존의 권력 엘리트들에 대한 비판도 엘리트의 군림구조 자체를 배격하는 것이 아니라 자신들이 새로운 엘리트가 되려고 한 것에 불과하다. 그럼에도 이들은 눈에 띄는 성공을 거두었다. 친노동자 발언을 하는 한편 반이민자 정책과 함께 복지국가를 표방하는 포지션을 취한 게 노동자 대중에게 먹혀들었기 때문이다(유럽의 우파 포퓰리즘). 미국 경제체제가 특권층에게 유리하다는 불만을 가진 사람들의 감성을 건드린 것이나 아웃소싱에 반대한 것도 중요한 요인이었다(트럼프).

한편 좌파 쪽에도 포퓰리스트들은 적지 않다. 전통적으로 포퓰리즘이 득세했던 남미는 물론 유럽에서도 남미의 영향을 받은 그리스의 급진좌파연합(시리자)과 스페인의 포데모스(We Can이란 뜻으로 오바마 선거 캐치프레이즈를 카피) 등이 대표적이다. 이들은 자국에 불어닥친 금융위기 속에서 중도좌파나 중도우파 집권세력이 세내로 내처를 못한 상황을 이용해 대중들에게 어필했다. '노동계급', '사회주의' 등의 테제를 버리고 대중을 엘리트에 맞서게 한다는 포퓰리즘 전략과 유로존 탈퇴, 부채 상환 반대 등을 들고 나온 것이다. 그러나 이들은 딱 거기까지였다. 그리스의 급진좌파연합은 집권까지 했으나 유로존 탈퇴는 커녕 정작 유럽연합쪽에서 그리스에 요구한 수준보다 훨씬 더 많은 부담을 지는 것으로 합의하며 굴복했다. 스페인의 포데모스의 경우, 그 지도부는 스페인이 경제 위기에서 벗어나기 위해서는 유로화 자체를 포기해야만 한다고 생각했으나 유럽연합 탈퇴를 꺼리는 유권자들의 뜻에 주저앉았다. 이후 두 정치세력은 기득권층과의 싸움과 포퓰리즘을 포기하고 기득권층내의 중도좌파정당으로 자리 잡는다.

좌파쪽이든 우파쪽이든 포퓰리즘이 준동한 나라에서 부의 편중이 완화되거나 계급갈등이 엷어지거나 계층상승의 기회가 확대된 경우는 하나도 없다. 오히려 신자유주의의 폐해만 깊어졌을 뿐이다. 그것은 포퓰리스트들이 대중의 즉자적 감정에만 기대면서 권력을 추구했을 뿐 정작 진지한 해결방안은 가지고 있지 못했기 때문이다. 오히려 언 발에 오줌을 누는 듯한 대처로 그 오줌이 발은 물론 몸까지 더 얼게 만

드는 꼴을 만들기도 했다.

그리고 포퓰리즘의 또다른 문제는 자칫 파시즘으로 흐를 수도 있다는 것이다. 의회민주주의를 부정하지 않고, 팽창주의가 아니라 국가 내부에만 집중하며, 전쟁을 불사하는 것도 아니라는 점에서 포퓰리즘은 파시즘과 구분되기는 한다. 그러나 민주주의 규범을 무시하고, 특정 지도자의 카리스마를 과장하며, 외부인(이주민)을 희생양으로 삼는다는 점에서 (특히 우파쪽) 파시즘과 유사하다. 포퓰리즘은 '대중이 원한다'는 미명하에 언제든 파시즘이 될 수도 있다. .

포퓰리즘 문제에 대해 3

한국에도 포퓰리즘은 있(었)다. 허경영과 이명박이 그랬고, 지금은 그 둘을 합친 듯한 이재명도 있다. '억강부약'이란 말에서 알 수 있듯 (진짜 말로만), 계층 갈등을 조장, 이용하려 한다는 점에서 이재명은 앞의 둘보다 훨씬 더 포퓰리즘적이다. 아마도 이재명의 앞날이 한국에서도 포퓰리즘이 단기적으로나마 성공을 거둘 것인가 (궁극적인 성공을 거둔 포퓰리스트는 세계 역사상 없다) 그렇지 않은가를 가를 시금석이 될 것이다.

신자유주의를 극복하는 것은 포퓰리즘으로 불가능하다. 또한 세계화의 흐름을 전면적으로 거부하는 것에 있지 않다. WTO에 속한 국가라면 그건 애초 가능하지도 않은 얘기다. 현실적으로는 보편적 복지국가의 틀을 확립해 무한경쟁사회에서 뒤처진 사람들을 보듬는 게 최선이다. 보편적 복지라는 건 필요한(!) 사람에게 필요한(!) 복지를 보편적으로 제공하는 것이다. '기본소득' 운운하며 일률적으로 푼돈을 뿌리는 포퓰리즘 작태는 오히려 거기에 역행하는 짓이다. 정작 필요한 복지를 줄일 수밖에 없기 때문이다. 현대의 고전인 『정의론』의 존 롤스도 '가장 불운한 사람을 이롭게 하는' 시스템 구축을 강조한 바 있다.

그리고 문재인 대통령이 진작에 강조했듯이 '기회의 평등'과 '과정의 공정'을 구현하는 것이 필요하다(나는 이것이 신자유주의 세계화 속에서 우리가 가야할 가장 정확한 방향이라고 생각한다. 계층 갈등을 선동하는 것이 아니라). 이것은 곧 그 '평등과 공정'을 가로막아온 모든 적폐를 청산하는 것에 달려있다. (자기 측근들을 낙하산으로 꽂아주는 '이재명질'도 척결해야 하는 건 당연)

작금의 현실이 말해주듯이 결코 쉽지 않은 일이다. 그러나 진정한(!) 능력주의가 실현되느냐 마느냐는 여기에 달려있다. '결과의 정의'가 이루어지는 사회를 이루기 위해선 결코 포기할 수 없는 길이다.

한편 시민사회 차원에선, 기존 '능력주의'의 가장 완고한 형태인 학력주의(학벌주의)를 지워나가는 것이 필요하다. 엘리트에 불만을 가진 미국과 유럽의 대중들이 가장 분노하고 있는 지점은 부의 편중보다는 높은 학력, 좋은 학벌을 가진 엘리트층이 자신들을 무시한다고 여기는 것에 있다. 우리라고 크게 다르지 않다. 학력이 곧 능력인 것처럼 여겨지는 사회에선 거기서 소외될 수밖에 없는 사람들의 불만은 사라지지 않는다.(학위를 사기 위해 표절까지 서슴지 않던 사람은 그 스스로 '능력주의'의 노예임을 말해줄 뿐이다.)

마지막으로 지적하고 싶은 것이 포퓰리즘과 '우민화'이다. 기득권세력의 대중정책은 기본적으로 '우민화'이다.(군사정권의 3S는 극단적인 예). 그런데 포퓰리즘은 대중이 '우민'이라는 걸 기본바탕으로 깔고 있다. 그리고 다시 포퓰리즘 정책을 통해 우민화를 촉진한다. 포퓰리즘과 우민화는 '상호연관 상호규정'하는 관계인 것이다. 결국 포퓰리즘의 준동 여부는 그 나라 국민들이 우민이냐, 시민이냐에 달려있다. 포퓰리즘 최후의 보루는 '우매한 국민'들의 조작된 힘이다.

포퓰리스트의 특징과 이재명

포퓰리스트 지도자들은 남성적이고 마초적인 인물로 자신을 이미지 메이킹한 '지도자 숭배'에 기반해 정치를 하는 경향을 보이기도 한다 (이른바 '개저씨'들이 이재명을 좋아하는 이유). 그리고 이건 곧잘 포퓰리스트 지도자의 정력에 대한 강조와 연결된다. 일례로 필리핀의 영화배우 출신 정치인 조셉 에스트라다는 자신의 비도덕적 사생활을 굳이 부정하지 않았으며, 이탈리아의 실비오 베를루스코니는 정력가 이미지에 크게 공을 들이기도 했다. 이것은 침대에서뿐 아니라 정치에서도 정력적이라는 이미지 창출과 관련이 있다.

그리고 포퓰리스트들은 대체로 자신을 '아웃사이더', 또는 '마이너리티'로 포지셔닝한다. 사회를 '순수한 민중'과 '부패한 엘리트 또는 기득권층'으로 나누고 그 갈등을 조장 이용하면서, 자신은 기득권층이 아니라 '민중의 대표'라는 상징조작을 위한 것이다. 닳고 닳은 기성 정치인이 아니라는 이미지를 구축하는 작업이기도 하다. (이걸로 초장에 반짝 뜬 정치인들이 한국에도 많다.) 복장규정과 언어예법을 존중하지 않음으로써 기존 지도자들과 차별화를 시도하기도 한다.(정의당의 그 '핏덩이'도 포퓰리즘질)

그러나 포퓰리스트들 대부분은 사실 그들이 비판하는 엘리트층, 기득권층의 일원이다. 그 사회 엘리트층과 동일한 사회통계학적 계층에 속한다. 정치신인도 아니라 오랫동안 정계에서 활동한 경력도 많다.(세계의 숱한 포퓰리스트들 중에 글자 그대로의 아웃사이더는 '백인 엘리트층'에 낄 수 없었던 페루의 후지모리 정도일 것이다) 즉 진짜 아웃사이더는 거의 없다.

이재명 역시 자신을 아웃사이더로 포지셔닝하고 (이것 자체가 포퓰리스트임을 자인하는 것), 나꼼수 김용민은 이재명을 '마이너리티'로, 그래서 민중을 잘 이해할 사람인 것처럼 포장해 준다. 진보인 척 하는 것들이 인성 개차반인 이재명에게 혹하는 이유도 대체로 여기에 있다. 전형적인 포퓰리즘질을 함께 하는 것이다. (그게 진보인 척하는 것들의 한계다. 저 천박함과 경박함을 '민중스런' 것으로 착각하기도 한다.)

이재명은 아웃사이더가 아니다. (그 "붕어머리"–이재명 트윗에서 따옴–로 어떻게 패스했는지는 모르지만) 사법연수원 18기 출신으로 사법적폐와 끈끈하게 연결되어 있으며(대법원 판결은 그 백미), 말로는 전관예우를 없앤다지만 자신의 재판에서도 전관예우를 서슴없이 자행할 정도로 구태스런 기득권이다. 재벌 주식만 수십억 소유했던 자산가이기도 하다.

또한 정동영 '똘마니' 출신이며 민주당 부대변인을 했을 정도로 기성 정치인과 확연히 구분되는 것도 아니다. (민주당 내부적으로만 보면 기존의 주류가 아니었기에 '아웃사이더'로 볼 수도 있다. 그러나 계급적 측면에선 기득권이다.) 거기에 더해, 여기저기 제사람 심기, 특정기업 특혜, 예산전용 등 구태스런 짓은 혼자 다 하고 있기도 하다. 민주당과 정체성도 맞지 않는 자가 오히려 그 조직을 장악하려 하면서 또 그 안에서 독자적으로 노는 것은(당정과 다른 소리), 기존 정당조직에 대체로 의존하면서 한편으론 포퓰리스트 개인의 특징을 바탕으로 캠페인을 펼치고 지지를 모으는 포퓰리즘 동원의 전형적인 형태이기도 하다.[18]

이런 포퓰리스트들이 저질러놓은 일을 치워야 하는 섯은 그 포퓰리스트가 아니라 '피플'의 몫이다. 일 저지르기 전에 막아야 하는 게 깨어있는 시민의 역할이다, 민주주의 최후의 보루로서.

(이재명이 언어예법을 지키지 않는 건 포퓰리스트로서 일부러 그러는 게 아니라 애초에 생겨먹은 게 그따위이기 때문이다. 타고난 포퓰리스트 되시겠다. 저 언행의 천박함은 민중의 품성이 아니라 포퓰리스트의 특징이다.)

정리하자면, 그냥 돈 뿌리는 기본소득론, "억강부약" 운운, 자칭 아웃사이더, 민주당 틀을 이용하면서도 그 안에서 따로 목소리를 내며 외부세력을 동원하는 것 모두 포퓰리스트의 특징이다. 그런데 대체로 다른 나라의 포퓰리스트들은 이 모든 걸 다 갖추지는 않았다, 불륜까지 공공연하게 행한 건 극히 일부였다. 그런데 이재명은 거의 모든 특징을 다 갖추고 있다.

거기에 더해, 친형, 네티즌, 다른 정치인들에게 집요하게 보복하고

---

18 포퓰리즘 문제에 대해서는 카스 무데 외, [포퓰리즘], 존 B 주디스, [포퓰리즘의 세계화]를 참조하면서 필자의 생각을 덧붙였다.

자신에 대한 비판을 억누르는 독재성향(단지 카리스마만 강조하는 게 아닌)마저 띠고 있다. 물론 외국의 포퓰리스트들, 특히 남미의 포퓰리스트들에게도 이런 유사한 행태는 있었다(유럽의 포퓰리스트들은 이재명에 비하면 양반). 그런데 전세계적으로 포퓰리스트들이 민주주의를 훼손하긴 했지만 아직까지 파시즘으로 전화되는 걸 보여준 적은 없다. 그런데 이재명은 그 싹(?)을 이미 충분히 보여주었다. 지금까지 민주주의의 적은 수구세력이었다. 그런데 지금 새로운 적이 소위 민주진보진영 안에서 자라고 있다.

나가며

지금 해야 하는 건...

"제 힘으로 어찌할 수 없는 헤어짐을 '이별'이라고 하고 제 힘으로 힘껏 갈라서는 헤어짐을 '작별'이라 한다. 이별은 '겪는' 것이고 작별은 '하는' 것이다."(-신형철 문학평론집 [몰락의 에티카] 중)

불과 몇달 안 남은 문재인 대통령과의 이별, 그 이별이 아쉽다면 문재인 대통령을 올곧게 계승할 수 있는 사람을 뽑아야 하는 것은 당연하다. 대통령은 달라도 차기 정부는 여전히 '문재인 정부'여야 한다. 그가 뿌린 씨앗을 제대로 거두기 위해서라도.

그래서 지금 우리가 우선적으로 해야 하는 것은 이재명 같은 '반문' 정치인과 힘껏 갈라서는 일이다. 아쉬운 '이별'을 준비하기 위해서 무엇보다 먼저 해야 하는 건 민주당 내부적폐와 완전히 '작별'하는 것이다.

진영논리를 탈출한 책 '민주주의의 새로운 적'

장기표
신문명정책연구원장, 전 국민의힘 김해을 당협위원장

며칠 전 이민구 '깨어 있는 시민연대당' 대표로부터 『희대의 포퓰리스트, 이재명 – 민주주의의 새로운 적』이란 책을 받아 읽게 되었는데, 가히 역사적 책이라 할 만했다.

우선 책의 내용과 상관없이 이민구 대표는 문재인 대통령을 지지해온 사람으로서 '문재인 사랑'에서 둘째가라면 서러울 사람인데도 나같이 문재인 대통령을 비판하는 데 둘째가라면 서러울 사람한테 이 책을 주어서 읽게 했으니, 이 일 자체가 한국의 편가르기 정치상황에서 하나의 사건이 될 만하다. 이렇듯 진영이 다른 사람끼리 소통할 수 있게 해주었으니, 이재명 후보 같은 사람도 좋은 일을 할 때가 있는가 싶어 쓴웃음이 나온다.

『희대의 포퓰리스트 이재명-민주주의의 새로운 적』은 대단히 의미 있는 책이다. 이재명 민주당 후보를 비난하는 글로 채워져 있는데, 글 쓴 사람들이 민주당 지지자인데도 이런 책을 썼다는 데서도 그 의미가 크지만, 글의 논지가 대단히 탁월해서 그 의미가 대단히 크다. 나는 이 책을 보면서 '진실로 알게 되면' 진영논리를 벗어날 수 있구나 하는 것을 깨달았다. 이 책의 편저자는 이재명 후보의 비리 사실을 정확히 알기만 한 것이 아니라 그것을 철학적으로까지 꿰뚫어 볼 수 있는 지혜의 눈을 가지고 있었고, 그 지혜의 눈은 진실과 정의에 대한 뜨거운 사랑과 거짓과 불의에 대한 강렬한 분노에 기초하고 있었다.

  사실 이 책은 이재명 후보를 비난하기 위한 책이라기보다 거짓과 위선으로 가득한 이재명 후보 같은 사람을 옹호하고 지지하는 사람들을 비난하기 위한 책이다. 아울러 진영논리에 갇혀 거짓과 불의를 옹호하는 모든 사람들을 비난하는 책이기도 하다. 유시민, 김어준 씨 등이 그 대표적인 인물이다.

  지금 우리 사회를 난장판으로 만드는 것은 정치인 이전에 지식인들의 잘못이 더 크다. 정치인들은 오히려 진영논리에 갇혀 있을 수밖에 없다는 변명이라도 할 수 있지만, 지식인들은 진영논리에 갇혀 있지 않아야 하고 또 않을 수 있는데도 불구하고 진영논리에 갇혀 거짓과 불의를 옹호하거나 이에 대한 비난을 기피하고 있으니 말이다.

  조국 사건이 그 대표적인 예다. 조국 씨를 비난해야 마땅함을 알면서도 자기 진영 사람이라 하여 비난하지 않은 것은 부작위에 의한 범죄행위다. 이 책은 이러한 점을 통렬하게 지적하면서 비판하고 있다. 한 마디로 사이비 지식인에게 엄중한 경고를 보내고 있다.

  다른 책이라면 모르겠지만 이 책을 읽고서는 이재명 후보에 대한 지지를 철회하지 않을 수 없을 것 같다. 이재명 후보의 불법과 비리를 너무나도 정확하고 통렬하게 지적하고 비판하고 있기 때문이다.

  아무쪼록 이 책을 통해 이재명 후보에 대한 지지 여부를 떠나 진실과 정의를 옹호하고 지지하는 사람이 늘어나기를 간절히 바란다. 보수진영에서도 엉뚱한 말을 하는 사람들이 많은데, 이런 사람들도 진영논리에서 벗어나 진실과 정의를 옹호하고 지지하기를 바라는 마음 간절하다.

  그동안 이 책의 출간을 거부한 출판사도 많았는데 끝까지 출간을 성사시킨 깨시연과 여러 위험을 감수하고 기꺼이 책을 출간한 (출)오풍연닷컴, 그리고 이런 좋은 책을 써낸 저자와 소신껏 자신의 글 수록을 허락해준 분들께 존경과 감사의 뜻을 전한다.

"

20세기에 민주주의를 위협했던 건 나치즘, 파시즘,
스탈린주의, 군사 쿠데타 같은 전체주의와 폭력이었다.
21세기에 민주주의를 위협하는 건
민주주의의 합법적 틀 내에서 이루어지는 포퓰리즘이다.
트럼프, 후지모리, 차베스 등이 그것을 잘 보여주었다.
한국도 그 위험에 직면해 있다.

"

MEMO

MEMO